청송의 생애와 선철학

프라즈냐 총서

25

청송의
생애와 선철학

| 동서양의 철학적 사유에 가교를 놓다 |

소광희 著

은주사

머리말

처음 내가 청탁받은 것은 청송 고형곤 선생에 대한 평전이었다. 그러나 나는 평전을 쓸 수 있는 위치에 있지 않았다. 그렇다고 무조건 고개를 내저을 입장에 있는 것도 아니었다. 나 이상으로 청송 선생을 알 만한 인물이 지금 시점에서는 없기 때문이다. 그런 인물들은 벌써 세상을 하직하고 말았다. 청송 선생은 친구와 제자들을 모두 앞세워 보냈다. 그래서 하는 수 없이 이 작업을 떠맡게 되었는데, 사실 나는 모든 면에서 선생의 먼발치에도 미치지 못하는 위인이다.

일찍이 빈델반트는 칸트를 이해한다는 것은 칸트를 넘어서는 것이라고 했다. 만일 빈델반트의 이 말을 엄격하게 지킨다면 칸트에 관한 어떤 저술이나 논문도 발표할 수 없을 것이다. 칸트연구에서 칸트를 넘어설 사람은 거의 없을 것이기 때문이다. 그런 잣대를 가지고 말한다면 나는 처음부터 이 글을 쓸 자격이 없다. 나는 하이데거의 존재론을 연구했으나 청송 선생에 미치지 못한다. 하이데거를 대하는 입장도 다르다. 선에 대한 지견에서 나는 거의 문외한이다.

그럼에도 세상에는 칸트연구, 칸트를 알기 위해 칸트에 관해 쓴 논문들이 수두룩하다. 잘 알면 새 경지를 개척하거나 새 방법론을 가지고 새 철학을 창안할 것이다. 어찌 보면 모르니까 연구하고 쓰는 것이 아닐까? 내 경우가 바로 그렇다.

2014년 9월

제 I 부
생애

1장 청송은 누구인가?

1. 아명은 용마龍馬

청송聽松은 고 고형곤(故 高亨坤, 1906~2005) 교수의 아호다. 고형곤 교수는 서울대학교 교수를 역임한 철학자다. 그러나 그는 일반대중에게는 말할 것도 없고 지식인 사회에도 널리 알려지지 않은 인물이다.

대학교수가 널리 알려지려면 글로든 그림으로든 노래로든 어쨌든 초·중등학교 교과서에 소개되어야 한다. 아니면 적어도 대중매체에 자주 드나들어 대중에게 인기있는 책을 써야 한다. 그러나 철학자에게는 그럴 기회가 거의 주어지지 않는다. 도대체 철학이라는 학문은 대상을 직접 대하는 1차적 사고가 아니라 2차적 사고여서 제 개별과학의 연구결과의 의미를 검토하거나 그 개별과학의 성립근거를 묻는 2차적 (반성적) 사고이다. 철학은 무엇을 발명·발견하는 학문이 아니다. 그가 알려지는 것은 고작 대학의 제자들을 통해서인데 철학 교수의 경우는 그것도 매우 제한적이다.

청송은 인생의 만년에 창조성이 풍부한 철학책을 써서 세상에 살다간 큰 흔적을 남겼다. 그는 우리나라 철학계의 거봉이었다. 아래에서 나는 그분을 소개하려고 하지만 철학자의 사색적 생애는 그렇게 드라마틱한 것이 아니기 때문이 대중의 구미에는 별로 달갑지 않을 수도 있을 것이다.

2. 청송의 성격과 인품

청송은 제주가 본관인 고씨의 고병소高炳韶의 3남1녀 중 둘째 아들로 1906년 4월 16일 전북 임피臨陂에서 태어났다. 그곳은 지금은 군산시에 편입되었으나 얼마 전까지만 해도 군산과 이리 사이에 끼어 있는 옥구군沃溝郡에 속해 있었다. 임피면은 옥구군의 동쪽에 이리와 인접해 있다. 그곳은 옥구군의 대표적 산이라고 할 만한 오성산(五聖山, 높이 200미터 남짓)을 멀리 서북방면으로 바라보는 평야지대다. 여기에서 고씨 문중은 5백년 이래 대를 이어 농업에 종사하고 있다. 그를 잉태할 때 어머니는 용이 말을 타고 와서 품에 안기는 꿈을 꾸었다고 한다. 그래서 그의 아명은 용마龍馬다. 그의 형은 고향에서 농업에 종사하는데, 그 맏아들이 서울대학교 문리과대학 영문과 교수를 역임한 고故 고석구高錫龜이다. 청송의 아우는 충남 홍성에서 사진관을 경영했다고 들었으나 그 자손에 관해서 나는 아는 바가 없다. 청송 밑으로 누이가 하나 있다고 들었으나 역시 나는 아는 바가 없다. 삼형제 중 청송만이 학문에 입문한 것이다.

그의 성격을 이해하기 위해서는, 그가 1973년 학술원 저작상으로 받은 상금으로 어머니의 묘비를 세운 바 있는데, 그 묘비명을 살펴보는 것이 도움이 될 듯하다. 원문은 구두점도 없고 띄어쓰지도 않은 국한문인데, 여기에서는 현대어법에 맞춰 띄어쓰기 등 몇 군데 수정을 하고 한자도 한글로 표기했다.[1]

어머니의 키는 중키에 약간 큰 편이었고 둥글고 갸름한 얼굴 가느다란 눈매 맑은 아미蛾眉가 인상 깊다. 단아한 모습에 단정한 그 성품 — 매사에 끊고 맺고 철저하다. 가르마를 기어코 반듯이 타려고 몇 번이고 타고 또 타고 해서 지금도 내 머릿속엔 가르마 자국이 빤히 들여다뵌다. 또 며느리들이 만들어 드린 의상이 마음에 들지 않으면 밤을 새워가며 마음에 찰 때까지 몇 번이고 뜯어고치지 않고서는 직성이 풀리지 않았다. 가장 좋은 것 가장 큰 것만을 숭상하여 만여 평의 들논을 팔다가 2천 평 남짓한 문 앞 소부논을 샀고 내가 잔글씨를 쓰는 걸 보고는 "왜 글자를 큼직하게 쓰지 못하느냐"고 언짢아했다. 해학을 알고 극적 표현이 풍부하여 우스꽝스런 이야기로 곧잘 좌중을 웃기는가 하면 준엄하기 짝이 없어 장자부가 70세에도 시집살이를 면치 못했다. …… 불의엔 굳세게 항거하고 얄미운 놈은 한번 꼭 쥐어박아야만 시원한 성품이었지만 가엾은 사람들에겐 끝없이 인자했다. 이렇듯 모순된 성격요소들이 한 인간

---

1 나는 1975년 청송의 칠순을 기념하는 글을 『철학연구회』로부터 청탁받아 그 제10집에 「청송선생의 인품과 사상」을 발표한 바 있다. 아래의 글은 대부분 그것을 참고하고 인용하였다.

의 행동구조 속에서 이처럼 조화되기는 희한한 일이다. …
아버지는 호리호리한 큰 키에 약간 긴 얼굴 검붉은 구레나룻까지가
흡사히 예수 그리스도의 초상화를 연상케 했다. …… 47세로 일생을
마칠 때까지 그는 농민으로서의 생에 충실했다. 남과 같이 권세를
부려본 적이 없고 남에게 해라고는 바늘 끝만큼도 끼친 일이 없다.
차라리 부당한 억압을 당할지언정 이에 맞서 시비다툼을 해본 일이
없다. 새벽같이 일찍 일어나서 어슴어슴 땅거미 질 때까지 흙을
파고 곡식을 심고 가꾸고 주어진 숙명의 길을 뚜벅뚜벅 대지 위에
그림자를 뒤로 고독하게 걸어갔다. 여기에 진실이 있다! 우리는
이분의 일생 속에서 이 진실을 배워야 한다. 흙에서 나서 흙에로
돌아가는 것이 인생의 진실이다. 나도 그 언젠가는 이 계절 밑에
이른 봄철 할미꽃으로 피어 따스한 햇볕을 즐기리.

이 인용문은 너무 장황하다는 책망을 면치 못할 것이다. 비문은
부모의 외모와 성격에 대해 자세하게 묘사하고 있거니와 그것은 청송의
성격·인품·외모에 이르기까지 시사하는 바가 많다. 청송의 체형은
아버지를 닮아 후리후리한 큰 키에 구레나룻이 풍부하다. 얼굴은 어머
니를 닮은 듯 둥글고 갸름하며 눈은 가늘고 아미가 훤하다. 준수한
미남이다.

그는 예술적 감각을 가지고 태어났다. 음악을 좋아하여 창唱에는
특별한 애착이 있어 방송국에서 들려주는 것을 거르지 않고 테이프에
녹음해 놓았다. 이것은 창에 국한되지 않았다. 서양의 교향곡 또한
빼놓지 않고 녹음해 두었다. 1950년대 자유당 시절에는 명동의 돌체라

1장 청송은 누구인가? **17**
는 음악 감상실에 들려서 음악을 듣고, 담배를 좋아하는 공초空超 오상순吳相淳이 머무는 청동다방에 들려 담배 공양을 하고는 해거름에 문인들이 드나드는 목노집에 가서 몇 잔 기울이고 그날의 일과를 마치곤 했다.

본디 남도 사람들은 예능에 특별히 재능이 있는지라 많은 시인 작가 가인歌人이 남도 출신인 것은 이미 익히 알려져 있는 바이지만, 우리가 젊었을 때 전주에 가면 대폿집 주모도 춘향가의 사랑가 한 자락은 기막히게 뽑아내고 초동樵童도 육자배기며 웬만한 창을 지개목발 반주로 부르곤 하였다. 청송도 이 남도창을 특별히 애호해서 젊은 시절 어쩌다 친구들과 어울려 놀이라도 가게 되면 으레 김소희金素姬 등 노래꾼을 데리고 가곤 하였다.

그는 철학자 중에서는 보기 드물게 정감적이었다. 그는 다정다감한 감성을 가지고 있었다. 청송은 언변이 좋기로도 유명하다. 미남에다가 이렇게 부드러운 감성을 가지고 있기 때문에 그의 주변에는 많은 여성들이 꼬였다.

도청도설道聽塗說, 청송은 해방 직후 거물간첩으로 세상을 발칵 뒤집어 놓은 김수임金壽姙이 이화여전 학생일 때 그녀를 사랑하여 이화전문 기숙사로 찾아간 일이 있었다고 한다. 이에 대해서는 다음에 자세하게 밝히기로 한다. 청송 자신이 그 일을 '나의 첫여인은 사형수 김수임'이라는 글로 남겨 놓은 바 있다.[2]

고서화와 골동에 대해서도 일가견을 가지고 있다. 많은 골동품과

---

2 『하늘과 땅과 인간』, 1997, 운주사, 347쪽 이하.

고서화를 가지고 있었는데 그 일부는 큰 아드님이 청파동에 넓은 대지에
다 멋스런 양옥을 지었을 때 거기 주고, 또 일부는 작은 아드님이
장위동에 주택을 마련했을 때 거기 주어 축하하였다. 그리고 나머지
골동품과 고서화는 장서·애장품과 함께 가지고 있다가 뒷날 이리의
원광대학교 박물관에 모두 기증하였다. 청송은 난과 종달이도 즐겨
길렀다.

　그의 주변에는 묵객이 많이 있었다. 그는 고희가 훨씬 지난 연세에도
친구들과 어울려 좋은 영화가 있다면 빼놓지 않고 감상하였다. 그중
그가 특히 좋아한 것은 오드리 헵번과 그레고리 펙이 주연한 『하오의
연정』이었다. 문학작품 중에서는 특히 트루게네프의 『엽인일기』(獵人
日記: 사냥꾼 일기)를 좋아하였다. 철학책 못지않게, 아니 그 이상으로
그는 문학작품을 탐독했다. 그의 감성적 표현력은 그런 교양에서 숙성
된 듯하다.

　여기서 한 가지 덧붙여 검토해볼 문제가 있다. 위의 묘비명의 인용
맨 끝에 있는 문장 "나도 그 언젠가는 이 계절 밑에 이른 봄철 할미꽃으로
피어 따스한 햇볕을 즐기리."를 두고 혹자는 이것은 청송이 육도환생을
믿은 불교신자가 아닌가라고 해석할 수도 있겠다는 것이다. 그러나
뒤에서 보게 되겠지만 청송은 선불교를 학문적으로 연구한 철학자지
불교신자는 아니다. 그는 더러 절에 가게 되면 대웅전 밖에 서서 합장을
하고 보시함에 얼마간의 돈을 넣는 일은 있었으나 정기적으로 절에
가지는 않았다. 그는 선교사가 세운 연희전문 교수로 취임해서 봉직했
다. 아마 불교신자라면 교수로 받아들이지 않았을 것이다. 그럼에도
저 문장을 쓰게 된 것은 평소 불교적 민간신앙을 믿은 어머님의 묘비명

인지라 그 어머님을 위로하고자 하는 충심에서 쓴 말이 아닌가 싶다.

3. 소년시절의 기초교육

청송이 어렸을 때 시골에서는 아직 현대 교육에 대한 인식도 부족했고 이를 위한 시설도 찾아보기 어려웠다. 교육은 전통적 한문을 익히는 것이었다. 그러나 그것도 대원군의 서원철폐 이후 거의 부서져서 기껏 해야 한문을 좀 아는 이를 훈장으로 모시고 마을의 어린이들을 모아 가르치는 글방 수준이었다. 1910년대 그 시골 영통마을에 50세 전후된 한 중년이 와서 한문사숙을 차려놓고 어린이들을 지도하였는데, 청송은 그 선생과 호흡이 맞아 6세에서 15세 때까지 9년 동안 그의 지도를 받았다.

그 선생과의 인간적 관계, 그 교육내용 등에 관해 나는 2005년 『부싯돌』 여름호에 「어느 추모비」라는 글을 발표했다. 그것을 아래에 옮겨 적어 본다.

어느 추모비 이야기

20세기가 다 저물어가는 1999년 10월 30일(토요일) 오후 3시, 고요한 평야의 마을 전북 옥구군 임피면의 한 모퉁이에서는 90년 전을 회고하는 추모비 건립행사가 조촐하게 거행되었다. 제법 쌀쌀할 것이라는 일기예보와는 달리 날씨도 매우 화창하여 이 행사를 축복하는 듯하였다.

추모의 대상인물은 자字를 영효泳孝라고도 하고 영회榮回라고도 하는 평산平山의 신일균申馹均 씨로서 그의 호를 제당霽塘이라고 한다. 비안개 내리는 연못이라는 호는 자못 낭만적이다. 을축년생이라 했으니 1865년생이다.

제당 선생은 1910년대 초 이곳 영통마을에 한문사숙을 차려놓고 어린이들을 지도하던 글방 훈장이었다. 이로부터 백년 가까운 세월이 지난 오늘 새삼스럽게 송덕비를 세워서 그를 추모하고 현창하는 데는 숨은 이유와 사연이 있다.

당시 학문의 일반적 경향은 한학을 위주로 하여 옛날 중국의 경서나 시문을 가르치는 것이었다. 그것은 학문을 현실생활로부터 유리시키는 것이어서 글을 익히면 익힐수록 현실적으로는 쓸모없는 무능인이 되게 마련이었다. 그는 그런 고루한 교육관행을 도도하게 거부하였다. 그리하여 학생이 자기 사숙에 들어오면 당시로서는 언문이라고 천대받던 한글부터 가르쳐서 당장에 글을 읽고 쓸 수 있게 하였다. 한글교육도 무조건 암기하는 것이 아니라 발음법칙에 따르는 매우 과학적인 것이었다. 문자를 깨쳐서 글을 짓는 것도 그저 자연을 찬미하는 음풍낭월이나 당송대의 시詩나 부賦를 암기했다가 도로 토하는 것이 아니다. 가령 봄에 글을 짓게 할량이면 "너의 친구네는 농우가 있어서 논갈이를 이미 마쳤는데 너네는 농우가 없어 아직도 논갈이를 못했다. 농사일에는 매양 시기가 중요한데 그 친구에게 농우를 좀 빌려달라는 편지를 써보라"는 것이었다. 글의 주제는 대개 이런 것이었다. 그렇다고 시·부·고풍古風·태고풍太古風[3] 등의

---

[3] 한시의 한 체體

역사적 변천과 사운율시四韻律詩의 기승전결이나 아름다운 풍경을 대하는 인간의 정서와 사유의 구조에 대해 결코 소홀히 하지 않았다. 그는 문자교육만으로 그치는 것이 아니라 실생활교육도 중시하였다. 하지 무렵이면 자리 짜는 띄풀[4]을 베어다가 새벽이슬을 먹이고 아침 햇살에는 음지에 말려서 직조기를 이용하여 자리를 짜는 공작실습도 시켰다. 청명과 한식의 차례 때에는 그 풀향기 그윽한 연초록색의 자리를 깔고 제자들과 함께 제사상을 차려 보여줌으로써 형식화된 주자가례를 강요하지 않고 자연이 곧 효의 도량임을 가르쳤다. 그는 철저한 실학정신의 구현자였다.

선생은 시대의 관행이나 사회문물의 개혁뿐 아니라 학생들의 정서교육에 대해서도 각별하였다. 겨울눈 내리는 깊은 밤에는 춘향전의 대목대목을 골라 우조羽調와 계면조界面調[5]를 따로따로 긴몰이 잦은몰이[6]로 장단을 맞추어 직접 노래 불러 들려줌으로써 그 가락가락에 배어 있는 인생의 희로애락을 뼈에 사무치도록 느끼게 하였다. 이런 것은 정서순화와 인성교육이 예와 악을 떠나서는 불가능함을 원천적으로 실행한 사례라 할 것이다.

월량(月糧; 학부모들로부터 받는 사례비)의 일부를 떼어서 한편으로는 공부 잘하는 학생에게 장학의 상으로 주고, 또 한편으로는 제당문고라는 장서를 마련하여 경서와 제자백가는 말할 것도 없고 당시 시골에서는 얻어 보기 어려운『사문유취事文類聚』,『휘어彙語』등을

---

4 개천가에서 자라는 가는 왕골같은 풀
5 창의 곡조의 하나
6 창과 산조散調 장단의 하나

설치해서 열람케 하여 고전과 함께 새로운 사조에 대해서도 뒤지지 않게 하였다.

"진서공부를 하라고 보냈더니 겨우 가갸거겨나 가르치느냐, 어린 것들 데리고 어른이 밤새워 춘향전이나 창으로 불려주어 아이들 바람나게 하느냐, 자리띠 짜는 것을 월량주고 배우느냐, 아이들한테 꿀 먹인 담배를 상으로 주어서 담배 가르치느냐" 등등의 비난이 학부모들로부터 나왔을 것은 보지 않아도 알 만하다. 그럼에도 그가 학생에게 미친 영향은 지대해서 심지어 "나 죽거든 선산에 묻지 말고 제당 선생 발치에 묻어 달라"고 유언하여 거기 묻혀 있는 제자도 있다. 그 제자의 후손이 퇴락한 제당 선생의 후손을 대신해서 지금껏 그 스승과 자기네 조상의 묘를 함께 관리하고 있다고 한다. 여기서 빠뜨릴 수 없는 것은 과연 누가 근 백년의 세월이 지난 오늘에 이르러 아무도 기억하지 못하는 저 제당 선생을 추모하는가 하는 것이다. 만일 추모하는 이가 없다면, 그리고 이런 추모비를 세워서 송덕하지 않는다면 제당이라는 인물은 영영 절대망각 속에 묻혀버리고 그의 교육정신도 소멸되고 말았을 것이다. 그 추모인은 여섯 살에서 열다섯 살 때까지 9년 동안 그 문하에서 스승과 숨결을 같이 하면서 학문의 기초는 말할 것도 없고 사유방식과 행동거지까지 제당 선생을 그대로 옮겨 놓은 것처럼 전수 받았다고 자처하는 청송 선생이다. 청송이 현대 학문을 하기 위해 제당 문하를 떠난 뒤에도 제당은 가끔 청송을 찾아와서 자기의 심회를 털어놓았다고 한다. 인간적, 심정적으로 두 사람은 밀착되어 있었다. 그래서 그런지 청송은 매우 정감적이고 솔직 담백하며 더러 파격적이기도 하다.

그 문하를 떠난 청송은 보통학교 과정을 2년에 마치고 당시 명문으로 알려진 이리농림학교를 4년에 마치곤(1927년) 이어서 경성제국대학 예과에 입학할 수 있었는데, 거기에는 본인의 천재성 못지않게 저 스승한테서 익힌 지식과 과학적, 혁신적 사고가 큰 힘이 되었을 것이다. 청송은 제당 선생으로부터 한학만이 아니라 수학의 삼각법과 방정식도 옛날 방식으로 배웠다고 한다.

청송이 대학을 마치고 객지에 터 잡고 사는 동안, 즉 연희전문학교 교수로 봉직하고 태평양 전쟁을 겪고 해방을 맞고 사변의 북새통에 시달리는 사이 제당 선생은 언제인지 모르게 세상을 떠나고 말았다. 늘그막에 불현듯 옛날 선생님 생각이 나서 둘러보니 그때 동문수학하던 벗들은 이미 돌아오지 못할 길손이 된 지 오래고 제당 선생의 후손도 어디론가 흩어져서 그들을 기억할 만한 인물도 향리에서는 찾아볼 수 없었다. 스승을 기리는 정은 점점 깊어져서 그렇게 20여 년을 수소문했으나 소식은 오리무중이었다. 그러던 중 우연히 평산 신씨 문중의 어느 교수를 만나 이런 심정을 토로하고 좀 알아봐달라고 당부하였다. 부탁을 받은 그 교수는 몇 달만에 긴가민가한 인물에 대한 기록이 족보에서 발견되었다는 소식을 전해왔다. 그 후손들의 행방도 추적할 수 있게 되었다. 제당 선생 발치에 묻혀 있는 제자의 후손을 찾은 것은 큰 행운이었다. 이렇게 해서 한 선각적 실학자요 실용주의 교육자가 한 제자에 의해 백년만에 역사 속에 살아난 것이다. 청송은 그의 인품을 한마디로 '잎 위에 맺힌 아침 이슬방울이 때그르르 구르는 것 같다'고 명기銘記하였다. 나는 청송의 비명碑銘에 청송 선생의 일생이야말로 연잎에 구르는 이슬방울처럼 그지없이 청정하고 굴탁屈託없는 것이었다고 적었다. 어쩌면 스승과 제자의 사람됨이 이렇게 닮을 수 있을까? 인간교육의 전범을 거기서 보는 듯하다.

청송은 현대 학문을 익히기 위해 제당 선생의 사숙을 떠나 임피보통학교에 편입으로 입학했다. 그러나 당시의 보통학교에서는 국문과 기초수학을 가르치는 정도였을 터라 제당 선생으로부터 배운 지식수준으로는 더 배울 만한 것이 없었을 것이다. 그래서 보통학교를 2년에 마치고 (1923년) 곧 이어서 당시 명문으로 알려진 이리농림학교에 편입해서 졸업했다. 11년 과정을 6년에 마친 것이다. 그것은 천재니 수재니 하는 칭송을 들을 만한 것이었다. 1927년 21세 때이다. 그는 이어서 시골 농림학교 출신으로는 감히 생각지도 못할 경성제국대학 예과에 진학하여 학부와 대학원을 마쳤다.

4. 청년 고형곤

그는 처음에는 작가 지망생이었다. 「채만식蔡萬植 군의 이일 저일」에서 본인은 대학예과 2년 재학 때의 일이라고 하면서 다음과 같이 밝히고 있다.

내가 작가로서 소질을 가졌는가를 문단에 물어보기 위해서 대학예과 시절에 써본 습작 「머슴 文成이」라는 단편이 그때 『대중공론大衆公論』이라는 잡지에 실린 일이 있었다. 물론 농학교 출신으로서 문학작

품을 많이 읽어 본 일도 없는 터, 시골 사투리 투성이, 플롯이나
표현기법에 있어서 하나의 작품으로서 논의될 것도 못되었건만,
어찌된 일인지 고 염상섭廉相涉 씨가『시대일보時代日報』문예평론
에서 이례적으로 연이틀을 두고 두둔해 주었다. 바로 그 무렵에
내가 임피 사람이라는 것을 어딘가에서 얻어듣고는 채군이 나를
하숙집까지 찾아와서 격려해 주었다. 이것이 채군과 내가 처음
만나게 되었던 연분이다.

그 뒤 채군은 나를 문단에 진출시키려고 진력을 했으나 나는 결국
문학을 포기하고 철학을 전공하게 되었다.[7]

이렇게 인생의 진로에 방향을 바꾼 것은 어느 젊은 평론지망생의
혹독한 비평 때문이었다. 일본 동경제국대학 일문과를 갓 졸업하고
돌아온 함모咸某이라는 사람이 문단에 데뷔하는 첩경으로 대가 염상섭
을 걸고넘어지는 통에 한데 싸잡혀서 「머슴 문성이」는 여지없이 혹평을
받았다. 여기에 충격을 받은 청송은 톨스토이나 도스토예프스키 같은
대문호가 되지 못할 바에는 차라리 학문을 연구하겠다고 작정하고
본과 진학에서는 철학과를 택했던 것이다.

여기서 채만식의 이야기는 제쳐 놓고 잠시 「머슴 문성이」를 살펴볼
필요가 있다. 「머슴 문성이」는『대중공론』1930년 4월호에 이효석의
「깨트러지는 홍등紅燈」, 염상섭의 「세 식구」등과 함께 실려 있다.
이 작품은 200자 원고지 150매 정도의 단편이다. 머슴살이로 평생을

---

7 『하늘과 땅과 인간』, pp.160~162. 채만식(1902~1950)은 임피 출신으로 당시에는
  이미 작가로서 문단에 두각을 나타내고 있었다.

보낸 40줄의 문성이가 머슴으로서 겪는 어려움과 설움, 특히 늘그막에 얻어들인 12살짜리 어린 고아 처녀를 길러 16살 되던 해에 아내로 맞아들였으나 늙고 교활한 동네 매파 여인과 동네의 거들먹거리는 부잣집 건달 자식들의 유혹에 넘어가 그 아내가 야반도주한 뒤에 너무 충격을 받은 문성이는 병들어 끝내 일어나지 못하고 송장 취급을 받아 동구 밖 움집에 버려진다. 움집으로 실려가는 문성이는 자기를 그렇게 되도록 동네 사람들을 선동한 부잣집 늙은이를 향해 '내가 낫기만하면 너의 집에 불을 질러 이 원수를 갚겠다'고 악을 썼다. 그러나 문성이는 끝내 회복되지 못한 채 그해 겨울 어느 눈보라치는 밤에 얼어 죽고 말았다. 평소 문성이를 몹시 힘들게 하던 부잣집 바깥 주인은 죽은 문성이의 혼령이 자기 집에 쳐들어오는 환상에 몸서리치며 기절하고, 영감의 기절에 덩달아 그 아내마저 기절하고 만다. 이것이 그 단편의 내용이다.

나는 문학작품을 논평할 위치에 있지 않지만 「머슴 문성이」의 구성은 간결하고 이야기를 이끌어가는 재능도 돋보였다. 그 시대 농촌의 의식 상황의 전달도 그만하면 잘한 셈이다. 그러나 지나친 전라도 사투리에 다 엉망인 철자법은 비판을 면치 못할 것이다. 그 표기법은 전 세기 말 멕시코로 이민 간 사람들이 남긴 문서의 철자법만도 못한 것이 사실이다.

3.1 독립만세 사건 이후 문화정책 쪽으로 선회한 총독부의 강압적 태도가 약간 누그러졌다. 거기에다 탈아입구脫亞入歐를 표방한 일제는 20년대 서구의 자유주의 물결을 수용하지 않을 수 없었다. 그 흐름 속에서 소위 대정大正 데모크라시라는 것이 일어났고, 이것이 학원에

수용됨으로써 일본의 고등학교 학생과 식민지의 예과생들은 데카당스 분위에 흠뻑 빠져 있었다. 술을 마시고 공원 벤치에서 자기도 하고, 모자에는 기름을 처발라 형편없이 더럽게 하고 다녔으며, 이불은 2년 동안 개지 않는 것이 보통이었다. 더욱이 나라 없는 식민지 학생들의 히스테리적 퇴폐풍조는 짐작할 만하다. 그것은 일본 경찰에 대한 간접적 반항이기도 했다. 청송도 거기에서 예외일 수 없었다. 그런 탓에 그는 예과와 본과 시절에 공부에는 그다지 신경 쓰지 않은 듯하다.

학부시절 철학의 기초부분은 미야모도〔宮本〕교수의 강의를 들었고 특수강의는 주로 아베〔安倍〕교수의 지도를 받았으며, 철학 이외의 과목으로는 개론 수준의 심리학, 윤리학, 사회학, 종교학, 경제학, 중국철학, 논리학, 조선예속사朝鮮禮俗史와 한국식 한문 등을 수강했다. 그중 심리학에 대해서는 개론 이외에 특수강의로 실습과 연습, 교육심리 등을 수강했다. 모두 28개 과목을 수강하고 학부 3년을 마쳤다. 졸업논문은 「셸링은 어떻게 피히테를 초월하는가?」를 일문日文으로 썼다. 지도교수는 아베 교수였을 것이다.

청송은 졸업하자 바로 동아일보 고하 송진우(古下 宋鎭禹, 1890~1945) 사장의 부름을 받고 『신동아新東亞』편집에 참여하였다. 어느 날 송 사장은 청송과 편집국장인 춘원 이광수를 불러놓고 "고군은 이번에 경성제대를 1등으로 졸업해서 내가 불러 왔는데 잘 보살펴주라"고 당부하더라는 것이었다. 이 이야기를 하면서 청송은 "사실 대학 문과에 무슨 1등 2등이 가능하겠느냐. 그것은 고하 선생이 나를 과찬한 것"이라고 고백했다. 『신동아』에서 무슨 일을 했는지는 자세히 알 수 없다. 그러나 나의 경험으로는 편집회의를 통해 특집 주제와

필자를 결정하고 기타 원고를 청탁하고 원고가 들어오면 인쇄소에 넘겨서 교정보는 일이었을 가능성이 크다. 그것은 학문연구와는 거리가 멀고 창의성을 요구하는 일도 아니었다. 어쨌든 이 시기에 청송은 많은 예술인과 문인들을 접촉하고 사귀었을 것이다. 고미술과 골동품에 대한 관심도 그때 생기지 않았나 싶다. 그의 친구 중에는 화가가 많았다.

그러나 청송은 2년만에『신동아』를 그만두고 대학 연구실로 돌아와 대학원에 적을 두고(1935년) 몰아지경으로 학문에 열중했다. 공부를 해본 사람이면 누구나 아는 일이지만 사실 학문 연구는 그냥 연구실에 붙박혀 있거나 책상 앞에 오래 앉아 있다고 되는 것이 아니다.

웬만한 두뇌의 소유자라면 2, 3년 동안 발분망식하고 당해 분야 연구에 몰두해서 문리文理를 얻으면 되는 것이다. 문리를 얻는다는 것은 당해 분야의 기본개념과 연구방법론에 숙달하는 것이다. 그 다음부터는 이것을 가지고 다른 유사한 경우를 설명하거나 본인이 주제를 세우고 연구하면 된다. 가장 힘든 것은 새로운 방법론을 제시하거나 새로운 연구대상을 찾아내는 것인데, 이것은 당해 학문의 새 경지를 열어 보이는 것이다. 이것이 창조다. 과학에서는 새로운 연구영역을 개발하는 것이 중요하다. 그러나 그런 것은 아무나 할 수 있는 일이 아니다. 특출한 두뇌의 소유자이거나 한 문제를 가지고 특별히 노력을 기울이는 사람만이 할 수 있는 일이다.

우리는 흔히 머리가 좋다는 말을 한다. 그러나 천재가 아닌 수준에서 머리가 좋다는 것은 한 귀로 듣고 한 귀로 흘려버리는 시중잡담이 아닌, 학리적 이야기를 말로 하거나 글로 전달하는 것을 듣고 읽을 때 얼마나 긴장해서 그것을 자기 것으로 받아들여서 소화하느냐 하는, 말하자면 긴장감의 문제이다. 뉴튼이 끓는 물에 달걀을 집어넣는다고 한 것이 달걀이 아닌 시계를 넣었다는 일화는 바로 이 긴장감을 말한다. 한 가지 일에 열중하면 다른 일에 대해서는 소홀히 하게 된다. 강의를 열심히 받아 적는 사람이 있는데 이런 사람은 사실 머리가 안 좋은 사람, 순간의 긴장감이 떨어지는 사람이다. 강의내용을 완전히 자기 것으로 소화한 사람은 간단간단히 제목만 메모하는 것으로 족하다. 머리 좋은 사람은 또 학리적인 것을 들으면 그것을 얼른 자기 주변 일에 적용해 보는 응용력이 강한 사람이다. 그렇게 해서 완전히 자기 것으로 소화한다.

한 60년 전까지만 해도 교수가 강의안을 불러주면 학생들은 그것을 노트에 받아 적었다. 그것은 서양 중세기에 책이 귀하고 지식이 일반화 되지 못한 시대에 교회 부속학교에서 하던 교수방법을 답습한 것이었다. 그런 필기교육으로 인해 엄청난 기록문화가 훼손되었다고 한다. 어떤 이는 이로 인한 문화훼손이 민족이동으로 인해 파괴된 것보다도 더 심각하다고 했다.

근래에도 예컨대 독일 대학에는 Vorlesung이라는 강의가 행해진다. 이것은 교수가 작성한 원고를 가지고 와서 강의실에서 읽고 해설하는 것인데, 이 과목의 청강은 학점과는 관계가 없고 따라서 시험도 없다. 그것은 교수의 저술을 위한 준비이기도 하다. 옛날의 그 교수법에는 필사능력을 기른다는 이점은 있었을 것이지만 능률적 교수법은 아니다. 그러나 지식의 정확성은 보장되었을 것이다.

5. 경성제국대학 철학과

여기서 잠시 경성제국대학 철학과를 살펴볼 필요가 있다.

　애당초 일제는 조선에 대학을 세울 의도가 전혀 없었다. 그런데 구한말 이래 일부 민족지도자들 사이에 민립대학 설립운동이 일어났으나 1919년 3.1 만세운동사건으로 중단되었다. 그러나 이 사건을 계기로 총독부는 문화정치로 방향을 선회하여 탄압을 완화하였다. 민족 지도자들은 20년대 초 물산장려운동과 함께 민립대학 설립운동을 재개하였다. 이 거족적 운동에 겁을 먹은 총독부는 부랴부랴 이 땅에 대학을 설립하지 않을 수 없게 되어 드디어 1924년 「경성제국대학관제」를 발표하고 그 해 4월에 예과생을 모집하였다. 26년에는 법문학부와 의학부를 열어 학생을 모집하였다. 제2차 세계대전 직전에는 공학부를 세웠다. 경성제국대학은 일본의 동경제국대학의 식민지 분교인 셈이어서 제도는 말할 것도 없고 교수도 거기서 공급받았다.

　법문학부에는 법학부와 문학부가 설치되었다. 문학부에는 철학과, 사학과, 문학과가 있었다. 각 학과에는 여러 전공이 개설되어 있었는데 철학과에는 철학, 윤리학, 심리학, 종교학, 미학, 미술사, 교육학, 지나철학, 사회학 등 9개의 전공분야를 두었다.[8] 각 전공분야에는 대개 2, 3인의 교수진이 발령되어 있다. 철학과 학생은 한국인과 일본인

---

8 참고로 사학과와 문학과의 전공분야를 열거하면 다음과 같다.
　사학과: 국사학(일본사), 조선사학, 동양사학, 고고학, 지리학 등.
　문학과: 국어국문학(일본어일본문학), 조선어조선문학, 지나어지나문학, 영어영문학 등.

을 합해 가장 많을 때(1928년)가 11명이었고 적을 때는 한두 명에 불과했다. 학생이 전혀 없는 해도 있었다. 청송이 학부에 입학한 1930년 철학과에는 두 번째로 많은 9명이었는데 그중 한국인은 4명으로 비교적 많은 편이었다. 강의에 만일 학생이 전혀 없으면 그 담당교수는 그 강의를 쉬게 된다. 일본 안에 별장을 마련해 놓고 거기서 지낼 수도 있었을 것이다.

철학과 교수진은 전원 동경제국대학 철학과 출신으로 채워져 있었는데 그들은 꽤 우수한 인재로 알려져 있었다. 철학과 철학전공 교수로는 아베 요시시게〔安倍能成〕·미야모도 와기치〔宮本和吉〕교수와 다나베 시게조〔田邊重三〕 조교수가 있었다. 아베는 제1강좌 담당이고 제2강좌는 미야모도가 맡았다. 다나베 조교수는 26년에는 임명 예정자로 명단에는 있으나 외국 유학중으로 표기되어 있었다. 늦게 부임한 것 같다.

그중 영향력이 가장 컸던 이는 아베(1883~1966)였다. 그는 시코쿠〔四國〕 출신으로 제1고등학교를 거쳐 동경제국대학을 졸업했다. 재학 중 그는 나쓰메 쇼세끼〔夏目漱石〕, 하다노세이치〔波多野精一〕 등의 영향을 받았고, 이와나미 시게오〔岩波茂雄〕와 깊게 사귀어 뒷날 이와나미서점 일에 많이 관여하였다. 그는 동경제대 동창들과 교우가 좋아서 이곳 철학과의 발전에 직·간접적으로 많이 도움을 받았으리라고 짐작된다.[9] 졸업 후 그는 자연주의 문학평론을 하는 한편 경응의숙대학慶應義塾大學, 일고一高의 강사를 거쳐 법정法政대학 교수를 역임하였다.

---

9 이곳 도서관의 서양도서는 이와나미(岩波)서점으로 하여금 납품하게 하여 예컨대 제1차 세계대전 승전국으로서 독일로부터 배상금 대신 받아온 도서도 이곳 도서관에 보관되어 있다.

1924년 유럽유학을 떠났다. 귀국 후 새로 발족하는 경성제국대학 철학과 교수로 임명되어 법문학부장을 맡았다.(1926년) 그는 조선의 사회와 문화에 대해 깊은 애정을 가지고 있었으며, 조선 학생들을 차별 없이 지도하였다. 그는 일본인의 조선 멸시감정을 꾸짖곤 했다. 조선에 가서 일을 할 사람은 아베의 신세를 지라는 평판이 나돌 정도로 조선통이었다. 그는 자유주의자, 평화주의자로 군국주의를 비판하여 늘 헌병대의 감시 대상이 되기도 하였다. 1940년 1고의 교장으로 취임하여 명교장이라는 칭송을 받았으며, 전후에는 초대 문부상에 취임하여 교육개혁에 힘썼다. 퇴임 후에는 죽을 때까지 제실帝室 박물관장과 학습원의 원장을 지냈다. 그는 자유인으로서 철학과 문학 방면의 많은 수상물을 저술하였으나 번역에는 별로 힘쓰지 않았다.[10]

경성제대 철학과의 동료인 미아모도[宮本]는 아베와 동경제국대학 철학과 동기인데 사적으로는 아베의 처제와 결혼한 아랫동서라는 말도 있다. 아베와 함께 철학과를 이끌었는데 그는 칸트 연구자로서 특히 칸트의 『실천이성비판』과 『프로레고메나』 등을 공역하고 철학사전 편찬에 관여하였다. 조교수인 다나베[田邊]는 만년 조교수로 교수직을 마쳤다. 아베가 떠난(1940년) 뒤에도 그 자리를 충원하지 않고 비워둔 것을 보면 그때 벌써 일본은 전쟁준비로 대학을 돌볼 겨를이 없었던 것 같다. 그는 한쪽 발을 약간 절었다고 하는데 한국 학생들에게는 매우 친절했다고 한다. 철학과의 초기 입학생들이 아배와 미아모도의 영향을 많이 받은데 반해 다나베는 후기 입학생들에게 많은 존경을

---

10 フリ-百科事典, 『Wikipedia』 참조.

받았다고 한다. 그는 칸트의 『논리학』과 리케르트의 『역사철학』을 번역하였으며, 이와나미 강좌철학에 『판단론』을 저술하였다.

경성제국대학 철학과에는 대학원 과정도 개설되어 있었다. 요즘처럼 교수가 직접 강의하는 일은 거의 없고 대개는 각자가 제기한 테마를 가지고 연구하면서 교수는 학생들의 자문에 응하는 정도로 지도하지 않았나 싶다. 학생들은 연구실에 나와서 자기들끼리 세미나를 하기도 하고 각자 자기 연구에 열중했다. 세미나는 언제나 한국어로 진행되었는데 다나베는 한국어를 모르면서도 늘 그 세미나에 참석했다고 한다.

한국인으로서 초기에 대학원에 적을 둔 사람들은 아래와 같다.[11]

학위	성명	출신지	입학년도	연구주제
문학사	박종홍	평남	1933	하이데거의 Sorge에 대해
독토르 필로소피	안호상	경남	1933	철학(칸트, 헤겔)
문학사	고형곤	전북	1935	현대 존재론
문학사	이종우		1935	
문학사	손명현	충북		희랍철학

이들은 일본의 각 대학에서 철학과 윤리학·교육학 등을 전공한 사람들과 함께 별도로 '철학연구회'라는 연구단체를 만들어(1934년) 연 2회 발간하는 회지 『철학연구』도 발행하고 계몽강연도 개최하곤 하였다. 회지는 일제의 간섭으로 2호를 간행하는 것으로 그치고 모임 자체도 해체되고 말았다. 그러나 이 모임과 회지는 그 뒤 한국의 철학연구에 많은 교시를 남기고 있다. 청송은 거기에 전혀 글을 싣지 않았다.

---

11 경성제국대학 휘보 참조.

'철학연구회'의 발족에 동참하기는 했으나 당시 청송은 『신동아』에 근무하고 있었다.

대학원생들은 대개 대학 도서관 장서를 대출해서 읽었다. 그런데 청송의 경우는 좀 유별나서 그가 읽은 책들이 어떤 것들인지 쉽게 알 수 있다. 유별나다는 것은 첫째, 그의 글씨가 작고 체가 남다르다는 것이다. 청송은 강의시간에도 판서를 거의 하지 않는 편인지만 더러 적는 경우에도 서체가 특이하다. 자기는 그것이 송설체松雪体라고 하지만 사실 글씨를 쓴 본인도 무슨 자인지 알아보지 못하는 경우가 허다했다. 그가 최초의 논문으로 발표한 것은 학술원 학술지에 게재한 「선의 존재론적 구명」(1968)이었는데 그 원고의 교정을 청송은 충정로에 있던 장남의 집에서 나와 함께 했다. 그때 경험한 바로는 저자 자신도 자기가 적어 놓은 원고지의 글씨를 읽어내지 못하곤 했다. 그 논문은 2년 뒤 당시 내가 경영하던 태학사太學社에서 다른 원고와 함께 『선禪의 세계』라는 제호의 단행본으로 발간하였다. 그 책을 발간한 뒤에 나는 본격적으로 선禪 공부를 해볼 작정으로 그 책을 읽었는데 각주로 밝혀놓은 인용문의 원문을 일일이 대조해보니 그 오식이 어마어마해서 도저히 남더러 읽어보라고 권할 수가 없을 지경이었다. 서체가 남달랐기 때문에 식자공도 틀리고 교정자도 그것을 잡아내지 못했던 것이다.

둘째, 그는 책을 마치 음식물을 완전히 소화하듯이 책의 난외에 굉장히 많은 메모를 남겼다. 대학원에서 그는 연구주제로 '현대 존재론'을 택했는데 이를 위해 특히 그는 후설의 현상학과 하이데거의 기초 존재론 및 하르트만의 일반 존재론을 집중적으로 탐독했다. 그중에서도 현상학과 하이데거의『존재와 시간』은 가장 열중해서 읽었다. 현상학 중에서도 후설이 만년에 하이데거를 시켜서 발표한『내재적 시간의 식의 현상학 강의』는 책이 너덜너덜해질 지경으로 읽었다. 아마 공자가 주역을 어찌나 많이 읽었던지 죽간의 끈을 세 번 고쳐 매가며 읽었다고 하는 것이 이런 경우인가 싶다.『존재와 시간』은 그때 대학에서 연습용으로 많이 읽었다. 그러나 대개는 그 전반부를 읽는 데 그쳤다. 그러나 청송은 그 후반부까지 완독했다. 청송은 늘 공용도서에 지나치게 많은 메모를 남긴 것을 후회하면서 언젠가 자기가 그것을 새 책으로 채워놓겠다고 벼르고 있었다.

　내가 독일에 간 기회에 청송이 이를 위해『존재와 시간』을 구해달라고 당부하였기로 구해드린 일이 있다. 본인은『존재와 시간』을 훼손시킨 것으로 알고 있었는데 더 훼손된 것은 그것이 아니라『내재적 의식현상학 강의』였다. 그러나 그때는 후설 전집 간행이 진행 중이어서 낱권의 『내재적 의식현상학 강의』는 구할 수가 없었다.

　대학원 시절에 청송은 너무 연구에 열중한 나머지 폐결핵에 걸려 한동안 고생했다. 당시 폐결핵은 요즘의 암처럼 거의 완치되기 어려운 병으로 여겼다. 그러나 닭을 장복하여 건강을 되찾았다고 한다. 그때 장복한 닭고기는 청송의 장수의 기초가 되었는지도 모른다.

　당시 학생들은 교과적 철학책만 읽은 것은 아니다. 많은 학생들은 미끼 기요시[三木 清]의 에세이류 책과 그의 스승인 니시다 기다로[西田 幾太郎]와 다나베 하지메[田辺 元]의 책을 읽는 데 열중했다. 그런데 청송은 이들보다는 구키 슈조(九鬼周造, 1888~1941)에 관심을 두었다. 구키는 동경제대를 거쳐 프랑스와 독일에 유학하고 귀국해서는 교토제

국대학 교수를 역임하면서 일본에 실존주의 철학을 도입하는 데 공헌한 사람이다. '실존'이라는 낱말은 그가 처음 사용한 말이다.[12] 그는 귀국해서 에도〔江戶〕시대 기생들의 독특한 말씨와 행동양식, 옷매무새 등 특별한 미의식(이것을 イキ＝粋라고 한다)을 연구한 저술(『イキの構造』)을 발표하였다. 이것은 イキ를 현상학이라는 서양철학적 방법으로 파악하려고 한 것이다.

6. 연희전문학교 교수 시절

청송은 1938년 연희전문학교 교수로 취임했다. 32세 때의 일이다. 먼 뒷날 청송이 국회의원 시절(1960년대) 일본에 간 길에 옛날 은사인 아베 교수를 심방했다. 그때 아베 교수는 "그때는 왜 그 일에 그렇게 열을 올렸는지 몰라" 하고 옛날을 회상하더라는 것이다. 이것은 청송의 연희전문 교수 취임에 아베 교수가 전적으로 힘써 주었다는 것을 시사한다. 이로부터 해방 전 1944년까지 6년 동안 그는 연전 교수로, 또 해방 후 47년까지 2년간은 연희대학 교수로 있으면서 많은 독서도 하고 교수들과 교우를 맺었다. 일제치하 그 시절 연희전문의 교수가 된다는 것, 더욱이 철학을 가르치는 교수로 취임한다는 것은 대단한 영예였다. 전문학교 교수는 많이 있었으나 대개는 윤리학이나 교육학을 가르치는 데 곁다리로 철학을 가르쳤지만 철학을 전담하지는 않았을 것이다.

---

12 フリ-百科事典 『Wikipedia』 참조

처음에는 청진동에 살면서 교외선을 타고 출퇴근을 했다. 「교외선」
이라는 글에 따르면 기차 속에서 회프딩의 키에르케고르 비판서도
읽은 것으로 되어 있다. 그러나 그 이야기는 잠시이고 이화여전 학생들
이 시험관계로 일찍 하교하면서 기차로 몰려드는 것을 보곤 또 청송
나름의 젊은 여성 예찬이 쏟아진다.

키에르케고르의 말을 빌리자면 조물주인 자연의 최후의 터치를
마치고 이제 막 손을 뗐을 뿐인 작품이 아닌가? 보라! 그 어디
하나 세상을 겪은 주름살이 잡혔는가. 더욱이나 남을 해치려는
교활은 찾아볼래야 찾아볼 수 없지 않은가? 그들의 윤택한 피부와
화려한 안색은 생리의 긴장을 말하고, 샛별같이 영롱한 그 눈과,
들리는 듯 그 가슴가슴의 고동엔 정열이 서려 있지 않은가? 비누거품
같이 훅 불면 날아갈 듯한 그대들은 이 사바를 발뒤꿈치로 차버리고
환상의 나라로 사라지려는가? 그 생각은 가냘퍼서 하늘거리나,
그 대담한 폼 방자하기 짝이 없겠구나!…[13]

그 교우 중에서 나는 두 사례만 들어 보고자 한다. 하나는 영문학자이
자 수필가인 이양하李敭河 교수와의 교우다. 두 분은 여러 가지 면에서
대조적이다. 한 분은 후리후리하게 큰 키에 좀 야윈 편이고 한 분은
작은 키에 약간 실팍한 편이다. 당시 연전 학생들의 평에 따르면 한
분은 달변이어서 좋고 한 분은 눌변이어서 좋다고 했다. 두 분은 서강을
바라보는 와우산 위에 각기 집을 마련하여 이웃해서 살았다. 한 분은

---

13 『하늘과 땅과 인생』, 53쪽. 「교외선」.

미남형이고 한 분은 문장을 잘 쓰는지라 당시의 문학 지망 여인들의
관심을 모으기도 한 모양이다.

이양하는 「경이 건이」라는 명문의 수필을 발표하였는데 이것은 뒷날
중학교의 국어 교과서에 실리기도 하였다. 수필의 주인공 경이와 건이
는 청송의 두 아들인데, 둘째인 건이는 먼 뒷날 국무총리를 지낸 고건高
建이다. 1963년 학장을 지낸 이양하가 작고하여 문리과대학장으로
장례를 치룰 때 청송은 조사를 했다. 그만큼 두 분은 각별히 친했다.

청송은 이양하와의 교우에 대한 글을 2편 남겼다. 「연전시절의 이양
하씨」와 「만물상에 심은 정」이 그것이다. 전자는 『하늘과 땅과 인간』의
1975년판에 실려 있는 것으로 보아 오래전에 발표한 것이지만 후자는
거기에는 없고, 1997년 운주사에서 발간한 같은 책에 있는 것으로
보아 훨씬 뒤에 적은 것이다. 전자는 30~40대의 이양하의 사생활을
중심으로 그의 성격과 취미, 교우 등을 적은 것이고, 후자는 1940년대
어느 여름 이양하와 함께 통천의 송전 해수욕장에 간 길에 해금강의
만물상에 간 추억을 더듬은 것이다. 두 사람은 동료인 정광현 교수의
주선으로 그의 장인 윤치호 씨의 별장지기의 집에 해마다 민박을 정하고
피서를 왔던 것인데 그 해 여름에는 이양하의 애인 미스 장과 그녀의
친구인 미스 노가 함께 예고 없이 – 사실은 이양하와 미스 장이 편지로
약속한 것이지만 – 갑작스럽게 찾아왔다. 미스 노는 그때 일본 교오또의
동지사대학에 다니는 학생인데 집이 원산에 있다고 했다. 네 사람은
둘씩 짝을 지어 만물상을 보기 위해 험준한 길을 오르고 내려야 했다.
그때마다 청송은 미스 노를 돕기 위해 손을 맞잡기도 하고 겨드랑에
손을 넣어 부둥키기도 하였다. 그러는 사이 둘은 십년지기인 듯 허물없

이 되었다. 서로는 눈길을 주고받으며 재회를 약속하였다. 이양하는
한참 뒤 미스 장과 결혼을 하였다. 청송은 미스 노를 만나려고 여러
번 시도하였으나 영영 소식이 없었다. 청송은 기혼자였던 것이다.
그것을 알게 된 미스 노가 만나기를 거부했던가 보다. 이 글 말미에
청송은 그 미스 노가 지금은 어디서 어떻게 살고 있을까 궁금해 하면서
자기 역시 고목냉회枯木冷灰라고 자탄한다. '마른 나무, 불기 없는
재'라는 것이다. 그러면서 "그때 그 시절의 정열 다 어디로 가고"라고
한숨짓는 것을 보면 자기의 늙음에다 여인에 대한 그리움이 겹쳐 온
것을 알 수 있다. 염문이 많았던 것만은 확실하다.

　교우의 또 하나의 예는 역시 연희전문 동료였던 정광현鄭光鉉 교수의
경우다. 정 교수도 나중에는 서울대학교 법과대학에서 친족법과 법제
사 담당교수로 자리를 옮겼다. 연희전문시절의 두 분의 교우에 대해서
는 나는 잘 모른다. 그러나 해방 후 특히 50년대에 내가 본 두 분
사이는 6, 7세 어린이들처럼 천진난만하였다. 서로 나누는 대화는
어른의 것이 아니라 그야말로 철부지 애들의 그것이었다. 심지어 자네
라는 호칭조차 없이 그냥 '너 이놈'이라고 하는 것이 보통이었다. 그보다
더 심한 농담을 나누었으나 그것을 글로 남길 수는 없다. 그들은 술친구
였다.
　60년대 중반 어느 날 한번은 박종홍 대학원장실에 들렸다. 마침
그날은 국회의 서울대학교 국정감사가 있는 날이라 청송은 국회의원으
로서 감사자로 온 길에 거기 들렸고 마침 음악대학의 이혜구 학장은
피감사자의 일원으로 온 길에 거기 들렸다. 옛 친구들끼리 모인 것이다.

이혜구가 들어오자마자 청송은 "너 지금도 코 흘리고 다니냐?"고 농담을 하는 게 아닌가? 아무리 허물없기로 내가 거기 있는데 제자 앞에서 농담이 지나치다 싶었다. 나 같으면 "너는 아직도 어린티를 못 벗었냐?"고 되받아 주었을 터이지만 이혜구는 아무 말 없이 넘어갔다. 그때 그 사람들은 일본인들 사이에서 소수자로 끼어 사귄 친구들이라 허물없었던 모양이다.

1941년 12월 8일 일본의 하와이 진주만 야습으로 시작된 소위 태평양전쟁이 발발하자 일제의 식민지 통치는 철저해져서 내선일체화內鮮一体化 황국신민화皇國臣民化가 강압적으로 시행되고 조선말과 한글을 못 쓰게 했으며 이름까지도 일본식으로 고치도록 강요하였다. 전문학교는 전시 산업용으로 개편되어 학생들은 근로동원되고, 인문학이나 기초학문을 가르치던 교수들은 면직되었다. 일본 교수들과 함께 밤낮으로 학생들의 집에 찾아와서 학병을 가도록 강요한 극히 일부 친일교수만 남아 있었다. 많은 지식인들은 일제의 강압에 못 이겨 학병이나 징용 등 전시동원을 격려하는 강연이나 논설을 써야 하는, 일종의 친일행각에 동조하지 않을 수 없었다. 직장에서 면직되어 무직자로 집에서 빈둥거리다가는 징용대상이 되므로 어쩔 수 없이 무슨 일이든 찾아서 하지 않을 수 없었다. 44년 종전 직전에는 경성제국대학 교수도 거의 각기 자기 고향으로 돌아갔다. 연희전문도 전시체제로 개편되고 대부분의 한국인 교수는 면직되지 않을 수 없었다. 청송은 처가가 있는 황해도 연안에 가서 농업학교에서 배운 양계기술을 활용하여 닭을 치는 것으로 세월을 낚았다.

해방과 함께 청송은 연희대학 교수로 복직하였다. 연대 교수들은 대부분 미국 유학생이었던 터라 쟁쟁한 멤버들이 모두 군정 고문관·통역관 또는 군정청 부장 등으로 대거 진출하였다. 연전 교장인 유억겸은 군정의 교육부 민정부장으로 갔다. 청송은 학교의 그 빈자리를 메워 임시관리자가 되었다. 이 시절을 청송은 자기 일생의 황금시절로 기억한다.

그 덕으로 나는 송림 속에 우뚝우뚝 솟은 서양인 선교사들의 굉장한 저택, 그중에서도 제일 큰 저택에 입주하게 되었다.
내가 들은 양옥은 지하실 ─ 그것도 반지하실이지만 ─ 만해도 아마 삼사십 평이 너끈히 되는 이층 석조전으로서, 밑층 남쪽에는 화초를 기르는 선룸이요, 그 옆에 응접실, 이에 맞붙어서 식당·주방·서재가 있고, 북쪽에는 외빈실까지 있고, 이층에는 세 개의 침실, 그 동편으로는 발코니가 붙었다. 건물 주위에는 수백 평의 잔디밭 정원이 있고, 주위에는 청장목·황장목의 노송들이 꽉 들어선 송림 속에 쌓여 있었다.

나는 여기서 양계의 경험을 살려서 반지하실을 계사로 2백 마리 레구혼을 낮에는 그 넓은 송림 속에 흐트러놓아 방목을 했다. 누룩을 손수 만들어서 가양주를 빚어 놓고, 오가는 친구들을 불러들여 영계를 삶아 놓고 나날에 명정酩酊 ─ 내딴으로는 도연명의 귀전원가歸田園歌를 본뜬 셈이지! 그러노라고 그 숱한 적산 가옥 한 채도 얻어 걸리지 못한 채, 막상 사택을 명도당하고 난 뒤에는 다시 서강집 오막살이로 되돌아가게 되는 쓸쓸한 경험도 했지만, 좌우간 이 시절은 나의 황금시절이었다. … 조국은 광복의 기쁨을 맞아 이 나라 이 강산도 마냥 명절날만 같았었다.

나는 이 창문가에서 트루게네프의 『귀족』, 앙드레 모로와의 『메이프의 제2권』 등을 탐독했었다. …[14]

지금은 크고 아름다운 건물들이 흔해빠졌지만 그때 선교사들이 살던 2층 양옥은 서울에서도 그렇게 살아보고 싶은 선망의 대상이었던 모양이다. 거기서 잠시 살다가 좁아터진 한옥으로 돌아오니 답답했을 것이다.

비단 이때만이 아니라 청송의 연희전문 교수시절은 개인적으로는 그의 인생에서 황금시절이었을 것이다. 32세에 당시로서는 최고 교육기관인 연희전문 교수로 취임했으니 직장은 더 바랄 것이 없었을 것이고, 사귀는 친구들도 일급 지성인이요, 읽고 싶은 책을 마음대로 읽을 수 있었을 것이다. 건강에 대한 걱정과 가정에 대한 심려가 없으니 이 이상 더 바랄 것이 없을 것이다. 1945년은 청송의 나이도 갓 마흔이었으니 그것만으로도 인생의 황금시절이다.

일제 말기 예산중학에 다니던 김완진의 이야기 한 토막. 언젠가 읍내 사진관에 불이 난 일이 있다. 그 사진관 주인의 형이 서울서 왔는데 그는 중절모에 스테이키를 짚은 멋진 신사였다. 연전 교수인 고형곤이라는 것이었다. 이것을 본 김완진은 자기도 장차 교수가 되겠

---

14 『하늘과 땅과 인간』, 55~58쪽. 「나의 황금시절」

다고 결심했다는 것을 수필로 적어 놓았고, 나는 그것을 읽은 일이 있다.

연희대학의 주인격인 백낙준이 새 책임자가 되어 바로 그 관사에 들고 보니 계분냄새가 코를 찌르는지라 두고두고 그 일에 대해 불평을 말하더라는 것. 먼 뒷날 연희대학교 총장을 지낸 친구 박영식한테 들은 이야기다. 개인적으로는 행복했겠지만 공적 물건에 대한 조심성은 소홀(?)해 보인다.

7. 연전 교수 시절의 제자들

일제 강점기 조선반도의 고급 인력양성기관으로는 전문학교와 1924년에 일제가 설립한 경성제국대학이 전부였다. 전문학교는 미국 선교사들이 세운 것과 민간인이 세운 것 및 관립 등으로 분류할 수 있는데, 그중 선교사들이 세운 것이 가장 많고 그만큼 공헌도 컸다. 거기서 배출된 인재들이 해방 후 한국의 중요한 지도층을 이룬다. 여기서는 책의 성격상 청송의 제자들에 한해서만 언급할 수밖에 없다.

해방 후 한양대학교를 설립하여 기초를 확고하게 다져 교육계에 큰 업적을 남긴 김연준金連俊, 처음에는 여자초급대학(수도여자사범대학)으로 출발했으나 남녀공학의 종합대학교로 육성한 세종대학교의 주영하朱永夏를 거명하지 않을 수 없다. 김연준은 청송이 전북대학교 총장을 중도에 사임하고 옛집으로 돌아왔을 때 그 대학교의 부총장 겸 문과대학 학장으로 영입하였다. 그러나 오래지 않아 청송은 그 자리를 사임하고 성균관대학교에서 전임으로 모시겠다고 해서 거기로 출강했다. 그 사임의 이유에 대해 청송은 아무에게도 밝히지 않았다. 나도 그 이유를 모른다. 아마 김연준이 그만하라고 하지는 않았을 것이다. 짐작컨대 그때 한양대는 – 다른 일부 사립대도 그랬지만 – 징집 연기의 혜택을 받고자 산더미처럼 밀려오는 지망생들을 정상적 학적 없이 마구 받아들여서 엄청난 입학금으로 학교발전의 기초로 삼았다. 시골에서 소 팔은 돈으로 이룬 상아탑이라 해서 이런 대학을 세칭 우골탑이라고 했다. 청송은 차마 그것을 방관할 수 없어 그만둔 건 아닌가 싶다. 내 개인적 추측일 뿐이다.

　군에 투신하여 사변 중 나라를 지키는 데 공헌한 대표적 인물로 박병권朴炳權 장군이 있다. 1950년대 경비행장이 아직 신설동에 있을 때 청송은 박 장군의 초청으로 비행기를 타고 노루사냥을 다녀온 것을 매우 고마워하였다. 그때는 개발이 덜 되어 산에 노루 등 야생동물이 서식했던 것이다. 철학계의 김준섭金俊燮 박사도 그의 제자다. 김준섭 박사는 연전을 고학으로 졸업하고 일본 규수대학에 가서 헤겔을 공부한 철학자인데 해방 후 미국 유학을 했기로 새로 소개되는 미국의 분석철학과 기호 논리학 강의를 서울대학에서 맡아 이것을 우리나라에 처음 소개하느라 수고한 사람이다. 국문학자 정병욱鄭炳旭 교수는 윤동주의 연전 동창으로서 그를 시인으로 발굴하는 데 크게 공헌한 사람이다. 그는 해방 직후 서울대학교 문리과대학에 입학하여 동 대학 국문과 교수를 역임했다. 특히 그는 창唱을 좋아해서 북의 명인이 되어 창을 부르는 어느 여인과 사랑에 빠지기도 하였다. 그는 어느 해 서울대학교 입학시험에 청송의 글을 출제할 만큼 개인적으로 청송을 존경하였다. 뒷날 연세대학교에서 언어학을 강의한 최석규 교수는 청송이 그 재능을

높이 칭찬한 제자다. 우리나라 국제정치학을 창설한 이용희 교수도
그 시절의 학생이었다.

서울대학 출신으로는 우리나라 언론계의 거인인 사학과 출신 천관우
千寬宇를 특별히 사랑하였다. 철학과 출신으로는 중앙대학교 총장을
지낸 이석희李奭熙, 윤명노尹明老 학술원 회원, 조요한趙要翰 학술원
회원 등등이 있다. 그러나 이들은 거의 청송보다 먼저 돌아오지 못할
객이 되었다. 맨 뒤 두 사람만 청송보다 2, 3년 뒤에 떠났다.

청송은 만 98세로 세상살이를 마쳤다. 우리식 계산으로는 99세,
이것을 흔히 백수白壽라고 한다. 백百에서 하나를 뺀 것이다. 청송이
세상을 떠나자 제자들이 추모하는 글을 모아 『하늘과 땅과 멋』이라는
작은 책자를 만든 일이 있는데 거기에 글을 실은 제자들은 서울대
철학과 출신들, 그것도 1950년대 이후의 제자들뿐이었다. 그때는 이미
연전 출신 제자들은 말할 것도 없고 서울대 초기 졸업생들도 모두
세상을 떠났던 것이다. 만약 청송이 좀 더 일찍, 즉 그들이 생존했을
때 이런 일이 있었더라면 많은 저명인사들이 여기에 참여해서 화려한
책자를 만들 수 있었을 것이다. 그까짓 책 만들자고 수명을 단축할
수는 없는 노릇이지만. 청송은 만년을 친구들도, 젊은 시절의 제자들도
없이 매우 쓸쓸한 세월을 보내지 않았나 싶다.

2장 해방 이후 청송의 이력

1. 우리나라 철학연구 제1세대

일찍이 개화에 눈뜬 인사들 중에 더러 철학을 연구한 사람이 있었다. 이병훈李秉薰이라는 이가 중국에서 『정신철학통론精神哲學通論』이라는 책을 한문으로 지었다고 하나[15] 구해볼 길이 없다. 유학자인 석정 이정직(石亭 李定稷, 1841~1910)이 1868년 중국에 가 책방에서 하숙하면서 신학문을 연구하고 많은 저서도 남긴 것으로 알려져 있으나 대부분 갑오년의 난리통에 일실되었다. 그는 "『연석산방고燕石山房稿』의 「미정문고 별집未定文稿 別集」 속에서 서양철학사상에 관해 언급하였다. 여기에서 그는 칸트를 강덕康德이라 표기하고, 「강씨철학설대략康氏哲學說大略」이라는 128쪽에 걸친 긴 글에서 칸트의 철학을 상세하게 소개하였다. 이 글은 당시로서는 상당히 깊이 있게 파고들었을 뿐만

---

15 박종홍전집 V. 한국사상사 2, 251쪽

아니라 칸트 철학을 주자학과 비교 분석한 점이 특이하다."[16] 여기에
이어 박종홍은 이정직의 칸트 연구가 매우 광범하고 세밀함을 보여주고
있다. 즉 이정직은 칸트를 합리론과 경험론을 비판한 철학자로 인식하
였으며, 칸트의 3비판서, 영구평화론에 대해 언급하고, 특히 칸트의
실천사상을 주자朱子와 대비해서 해석하였다고 언급하고 있다. 이정직
은 칸트가 자유사상과 평화론을 논한 것을 보고 칸트를 성자의 경지에
이른 철학자라고 평했다고 한다. 박종홍은 이 모든 내용이 이정직이
양계초의 『양계초문집梁啓超文集』을 읽은 데서 연유한다고 결론지었
다. 양계초의 『양계초문집』은 1903년에 저술되었고 이정직은 1910년
에 사망하였으므로 『연석산방고燕石山房稿』는 그 사이에 저술된 것으
로 추정하였다. 그러나 과연 양계초의 책만 읽어서 칸트를 저 정도로
깊이 있게 이해할 수 있었을까 하는 의문이 남는다. 내가 읽은 『음빙실문
고飮氷室文庫』에는 철학에 대해 그렇게까지 소상하게 서술되어 있지
않았다. 양계초는 무진정변戊辰政變을 피해 일본에 한 번 가고 그 뒤
유럽과 미국을 일주하고는 두 번째로 일본에 간 일이 있다. 그때 그는
일본철학계의 여러 서적을 읽고 『음빙실문고』를 저술하였다. 이 책에
는 당시 일본에서 간행된 여러 철학개설(이노우에 엔료〔井上圓了〕의
『哲學要領』 등등)을 소개하고 출판사와 정가까지 적어 놓았다. 당시
우리나라 지성인들은 일본의 문화계 소식을 중국을 통해 겨우 접할
수 있었다.

이보다 좀 뒤에 1910년경부터는 미국 선교사들이 설립한 학교(연희

---

[16] 같은 책, 284쪽.

전문이나 숭실전문 등)에서 선교사들의 입을 통해 서양철학과 심리학 등에 관해 들은 바 있었을 것이다. 이 무렵 유학자인 이인재(李寅梓, 1870~1929)는 양계초의 『양계초문집』 — 특히 『음빙실문고』 — 을 통해 철학에 접하고는 『철학고변哲學攷辨』이라는 문건을 남겼다. 이것은 주로 고대 그리스철학을 소개한 것인데 내용은 양계초의 글을 거의 그대로 발췌한 것이었다. 그때 중국의 일반적 표기로는 탈레스를 廷禮, 소크라테스를 瑣格拉底, 플라톤을 栢來圖, 아리스토텔레스를 亞利修道多羅尼라고 표시하였다. 이 인물들의 표기도 그대로 따르고 있었다. 그만큼 아직도 중국 문화의 영향하에 있었던 것이다.

그 뒤의 일이긴 하지만 동아일보 사장과 총리를 역임한 최두선崔斗善은 독일에 가서 철학을 공부했으나 현실사회에서 활동하면서 학문연구는 접었다. 더 뒤 스위스의 취리히대학에서 심리학으로 학위를 취득하고 돌아온 이관용李灌鎔 박사가 있으나 1933년에 세상을 떠났다.

그러나 이런 선각자들의 저술은 모두 책으로 출판된 것이 아니고 또 한문으로 이루어져서 후학들에게 잘 알려지지도 않고 읽혀지지도 않았다. 말하자면 그것들은 후학들이 맥으로 계승하지 않았다.

우리나라의 철학 연구는 아무래도 경성제국대학의 철학과와 관련지어서 생각하지 않을 수 없다. 거기에서 비로소 철학을 원전에 입각해서 읽고 연구할 수 있게 되었기 때문이다. 그러니까 1920년대 후반에 이르러서야 우리나라에서 서양철학이 본격적으로 연구되기 시작한 것이다. 지금부터 8, 90년 전의 일이다. 우리나라의 철학연구의 연륜은 아직 백년이 채 안 된 셈이다.

앞에서 소개한 경성제대 철학과 대학원생과 일본·미국·유럽에서 철학을 공부한 이들이 국내에 들어와서 각 전문학교와 기타 교육기관에 종사하면서 철학에서 완전히 손 떼지 않고 연구한 인사들이 해방 후 새로 발족한 대학에서 철학을 가르친 것인데 이들이 한국의 철학 연구 제1세대를 형성한다. 일본 유학생들과 경성제대 졸업생들은 일본 학계의 영향으로 대개 독일 등 대륙철학에 기울어져 있었고, 미국에 유학한 사람들은 미국 학계의 영향을 받아 영미철학에 경도되는 경향을 보였다. 이런 학문 태도는 지금도 여전하다.

대학 설립은 새 시대 새 나라에 필요한 인재양성을 위해 요구되기도 했지만 특히 50년 6.25 전쟁 중 그리고 그 직후 대학은 우후죽순처럼 새로 설립되었다. 그 이유는 크게 두 가지이다. 첫째는 한국인들이 해방을 맞아 자식은 가르치고 보자는 향학열이 비등한 데 있고, 둘째는 특히 당시 이승만 대통령이 전후 인재의 필요성을 역설하면서 대학 재학생의 징집을 연기해주는 정책을 택했기 때문이다. 새로 발족한 대학에는 유럽과 일본의 본을 따라 철학과를 꼭 설치했다. 만학의 왕으로서의 철학이 대학의 구색으로 필요하다는 인식 탓이었다. 이런 대학의 신설에 따라 철학교육도 크게 요구되었다. 철학은 필수화되고 교수요원의 수요는 엄청나게 늘어났으나 그런 수요에 부응할 만한 인재는 지극히 제한되어 있었다. 새로 설립된 대학에서는 이왕에 자격 있는 교수를 겸임으로 영입하기도 하였다. 50년대까지만 해도 대학원 석사과정만 마치면 대학 강사로 채용될 수 있었다.

앞에서 경성제국대학 철학연구실을 중심으로 '철학연구회'를 결성하였다고 했거니와 그들이 한국의 철학연구 제1세대의 핵심인 셈이다. 그런데 경성제대와 일본에서 공부한 사람들과 미국 유학생들은 철학의 입장을 달리했다. 미국 유학생들은 대개 선교사나 교회의 주선으로 유학한 사람들이어서 선교사가 세운 교육기관에서 가르쳤다. 어느 경우든 이들은 자유주의적 아카데미즘을 몸에 익혔기 때문에 해방 직후의 사상적 혼란기에도 공산주의의 실천적 정치적 혁명운동에는 가담하지 않았다. 특히 남한에서는 공산주의자는 폭동이나 화폐위조 또는 파업 등을 일으켰기 때문에 지식인들에게는 환영받지 못했다. 철학과 출신 중에 더러 사회주의 사상을 가졌던 사람도 사변이 끝난 뒤에는 모두 전향했거나 발을 뺐다. 사변 중에 월북한 철학자들은 북한에서 별 볼일 없게 되었다. 그런 영향으로 철학을 전공하는 사람들도 관념론이나 실용주의를 연구하는 쪽으로 기울어졌다.

2. 서울대 교수로 옮김, 6. 25사변 이후의 동정

45년 해방과 함께 일본인들은 본국으로 돌아갔고, 휴직 상태에 있던 모든 한국인 교수들은 복직되었다. 이때 국내의 모든 대학의 체제도 바뀌었다. 전문학교는 대학으로 격상되어 명칭을 바꿨다. 연희전문은 연희대학으로 되고, 보성전문은 고려대학으로 되었으며, 혜화전문은 동국대학으로, 명륜전문은 성균관대학, 이화여자전문은 이화여자대학 등등으로 변경된 것이다. 경성제국대학은 경성대학이라는 명칭을 잠정적으로 사용하고 있었다.

　48년 대한민국이 탄생하고 대학체제도 새로워졌다. 경성대학은 국립서울대학교로 바뀌었다. 대학교라는 명칭은 생소하기 그지없다. 그러나 이때 이후 university는 대학교가 되고 college는 그냥 대학이라

는 해괴한 언어사용이 궁색하게 정착한 것이다. 어쨌든 서울대학교에
는 그 산하에 여러 단과대학(college)을 포괄하게 되었다. 문리과대학은
구 경성제국대학의 법문학부 중 문학부와 이학부를 합친 것이고, 법과
대학은 법문학부의 법학부에다 구 경성법학전문을 합친 것이다. 의과
대학은 구 의학부에 의학전문을 합친 것, 공과대학은 구 공학부에
몇 개의 전문학과를 합친 것이다. 상과대학은 경성상업에 고상을 합친
것, 치과대학은 치전을 승격시킨 것이고, 농과대학은 수원고농을 승격
시킨 것, 약학대학은 약학전문을 승격시킨 것 … 등등이다. 거기에
예술대학을 신설했는데 이것은 전에 학관수준의 것을 승격시킨 것이지
만 뒷날 음악대학과 미술대학으로 분열되었다. 말하자면 역사와 전통
을 전혀 달리하는 기관들을 그냥 미국식 대학 university로 개편하려고
하다 보니 별수가 없었던 모양이다. 이로 인해 학생들 사이에 국대안國
大案 반대운동이 구 경성제대 후신들을 중심으로 격렬하게 일어났다.
자기네를 전문학교와 그냥 합침으로써 격하시킬 수 없다는 것이다.
이 국대안 반대운동은 곧 좌우익의 대립과 투쟁으로 연결되었다. 국대
안 반대파는 정부를 반대하는 좌파로 둔갑한 것이다.

  대한민국의 독립과 정부수립 2년 만인 50년 6월 25일 소위 6. 25사변
이 발발했다. 미국의 동북아시아 정책, 즉 애치슨라인이 선포되자
남한은 미국의 동북아 안보선에서 제외된 것이다. 이 틈을 타서 북한의
김일성이 무력으로 통일하기 위해 소련군으로부터 이양 받은 소련제
무기로 무장하고 그 전차를 앞세워 남침을 감행한 것이다. 38도선을
넘은 지 불과 3일 만에 수도 서울이 적의 수중에 넘어갔다. 남으로
향한 북으로부터의 피난민이 끝없이 줄을 이었다. 공산주의 치하에서

못 살겠다고 넘어온 것이다. 그러나 미리 달아난 정부는 북한군이 더 이상 내려오지 못하도록 하기 위해 한강다리를 폭파했고, 이로 인해 엄청나게 많은 피난민이 한강에 빠져 죽었다. 이 사건은 그 뒤 두고두고 그 책임을 규명해야 했다.

인민군이 점령한 지역에는 평소에 잠복해 있던 공산주의자가 등장해서 북한 정부의 지령 아래 인민위원회를 조직해서 소위 인민재판을 자행했다. 이 인민재판으로 서울은 아비규환의 장이 되었다. 하루아침에 공산주의 사회가 되고 보니 평소에 한을 품었던 사람들이 이 기회를 이용해서 한풀이를 하는 것이었다. 남한의 군인이나 경찰의 가족에 대한 적대시는 말할 것도 없고, 지주와 소작인 사이, 부모와 자식 사이, 며느리와 시가 사람들 사이, 형제 사이 등등에 평소의 갈등이 폭발하여 인민재판을 통해 마구 죽였던 것이다. 인민재판은 인민위원회에 속하는 사람이 나타나 잡혀온 자의 죄상을 들춰내고 누군가가 옳소! 하고 소리치면 그냥 죽여버리는 것이었다. 더러는 총으로, 더러는 돌로, 더러는 집단적 생매장으로 엄청난 인명을 죽였다. 생지옥이 아닐 수 없었다. 이런 현상은 서울에만 국한된 것이 아니고 인민군이 점령한 지역이면 예외 없이 발생했다. 그러니 인민군이나 공산당이라면 치를 떨게 되었고 거기서 벗어나기 위해 남부여대男負女戴하고 피난을 떠났던 것이다. 그 피난은 또 얼마나 잔혹한 것이었던가? 굶어죽고 얼어죽고 밟혀죽고 부모를 잃고 고아가 되고……. 그 참상은 요새 젊은이는 상상하기 어렵고, 굳이 알고 싶으면 아프리카나 미얀마의 극빈지역 어린이를 보면 대충 짐작할 수 있을 것이다. 정전 후 1950년대 중반 우리나라의 GNP는 중석수출과 외국으로부터의 원조까지 합쳐서 겨우 6, 70불이었다. 우리가 유니세프니 월드 비전이니 해서 그들을 많이 돕는 것은 우리의 체험 때문일 것이다.

여기서 잠시 6.25사변에 대한 청송의 감회를 들어보자. 그는 6. 25에 대한 상기를 말하면서 다음과 같이 적었다.

6월 26일 밤! 궂은비가 억수같이 퍼붓던 마魔의 밤, 6월 스무엿샛날 밤! 등화관제하에 문을 꽉꽉 쳐닫고 숨이 막힐 듯 좁아빠진 방에 자식새끼들의 얼굴을 번갈아 쳐다보며 장래할 운명을 응시하던 밤! 시시각각으로 가까워 오는 포성에 관자노리에 핏대가 욱근욱근 솟구쳐 오르던 밤을 상기하는가?

두세두세 새벽녘 피난민들의 발자취 소리에 악운이 저주하고 있던 그 소리를 상기하는가?

사태가 밝혀진 그 이튿날 아침 마포강변의 생지옥 – 서로 앞을 다투어 배에 오르려다가 엎치고 뒤치고 탁류에 휩쓸려 들어가던 뭇 생령 뭇 생령을 상기하는가?

몸서리치는 잔인 – 자식은 애비에게 거역하고 딸은 어미를 배신하고 형은 아우를 타살하고, 삼족을 멸하고 집을 불사르고 죽은 자의 무덤을 파헤쳐서 허리를 다시 자르고, 눈이 멀뚱멀뚱한 가족을 한 무덤에 생매장하고, 시산혈하屍山血河에 강산은 어이없어 외면을 하고, 원수는 원수를 곱하고 적은 적을 사서 너와 나 사이에는 어마어마한 균열이 입을 벌리고, 강토는 초토화되고 인심은 거칠 대로 거칠어지고, 난리는 언제 끝날 지 알 길 바이 없고, 그 아슬아슬한 검문소를 몇 번이고 지나가지 않으면 아니되던 무시무시한 그

찰나! 그 찰나! 아 ─ 나는 이 이상 더 그 잔혹과 전율을 그릴 용기를
갖지 못한다.[17]

그는 또 다음과 같은 시도 남겼다.

똑똑히 보았노라
이 눈으로
잔인과 학살을

사람들은 사뭇 미쳐서
동족의 가슴에 그만
철못을 박고

강산도 하도
어이가 없어,
새 봄 온 줄도 모르는 채
산새도 울지 않고
꽃도 피우지 않더라![18]

청송도 고향을 향해 한강을 건너고 충청도를 거쳐 피난을 떠나지
않을 수 없었다. 그 경황에 가방 속에 짊어진 것은 칸트전집뿐이었다고

---

17 『하늘과 땅과 인간』, 54~55쪽, 6.25 그 날을 상기하자!
18 같은 책, 133쪽, 6.25

하니 학문은 팔자소관이었던가 보다. 고향에서 용케 9. 28을 맞았다.
그 3개월 동안 고향사람들은 인민군 치하에서 청송을 고발하지 않았던
것이다. 그것은 청송이 고향사람들의 인심을 잃지 않았던 덕이지만
또 한편으로는 고향인심이라는 것이 그런 것이기도 했다. 낙동강에서
사력을 다해 더 이상의 남침을 저지하는 한편 인천상륙작전으로 전세를
반전시킨 한국군과 유엔군은 서울을 탈환하고 계속 북진하여 압록강에
이르렀으나 중공군의 개입으로 그 인해전술에 밀려 51년 겨울에는
오산까지 도로 밀렸다. 1.4후퇴가 그것이다. 다시 북상하여 현재의
남북 분계선에서 전쟁은 소강상태를 유지했다.

　이 소강상태 하에서 수복된 지역에서는 소위 전시연합대학이라는
것이 설립되었다. 학생은 하루도 거르지 않고 공부를 해야 한다는
것이었다. 이것은 제각기 자기 고향으로 흩어진 대학생과 교수들이
모여서 임시교사를 마련하여 강의를 하고 학점을 취득하면 뒤에 본교에
그것을 신고해서 정식 학점으로 인정받도록 한 것이었다. 각 도에
하나씩 도립으로 설립되었다. 임시 수도인 부산에는 본교가 피난 와
있었기 때문에 그것이 필요 없었고 도리어 서울에 분교가 있었다.
그리하여 충남·충북·전북·전남·경북에 각기 전시연대가 설립되었던
것이다. 서울의 전시연대는 본교가 수복하면서 거기에 자연스럽게
통합되었다.

　53년 정부의 환도와 함께 피난 왔던 대학들도 가을에는 서울로
돌아갔다. 그러나 전시연대 시절에 거기서 선발한 학생들을 위해서는
어떤 형태로든 전시연대는 존속해야 했다. 그것이 충남대학, 충북대학,
전북대학, 전남대학, 경북대학으로 발전하면서 국립화되어 현재까지

이르렀다.

청송은 이때 전북전시연합대학을 설립하는 데 주력하여 그 학장직을 맡았다. 그러다가 한 번의 임기를 마치고 52년 부산의 서울대학교 본교로 복귀했다.

대한민국의 정부 수립과 6. 25전란을 거치면서 서울대학교 철학과 교수진에 변화가 생겼다. 경성대학 시절 철학과에는 안호상, 김두헌, 박종홍, 민태식, 고형곤 등이 교수진을 구성하고 있었다. 48년 정부수립과 함께 안호상은 초대 문교부장관으로 발탁되어 나갔고, 사변 중에 부산으로 피난한 서울대학교에는 임시관리 책임자로 김두헌이 임명되었다. 동양철학 전공의 민태식은 충남전시연합대학 학장으로 임명되었다. 청송도 앞에서 말한 바와 같이 전북전시연합대학 학장을 맡게 되었다. 청송을 제외한 위의 여러 교수들은 영영 철학과로 돌아오지 않았다. 거기서 그냥 문교부 관리나 총장으로 주저앉은 것이다. 그리하여 사변 중 부산의 서울대학 철학과에는 박종홍 한 분만 남아 있게 된 것이다. 그러다가 52년에 청송이 부산의 본교로 돌아온 것이다. 그와 동시에 박종홍은 서울로 먼저 돌아갔다. 그때 서울의 서울대학은 을지로 6가의 약대 – 뒤에 음대가 들어왔다 – 를 임시교사로 사용하고 있었다.

3. 50년대 대학 풍속도

1953년 2학기는 서울에서 맞이했다. 청송은 52년 부산의 본교로 복귀하면서부터 주임교수를 맡아야 했다. 그때는 학과장을 주임교수라고 했다. 75년 관악산으로 이전할 때까지 그랬다. 청송은 59년 3월 전북대학교 총장으로 부임하여 서울대학을 떠날 때까지 그냥 주임교수였다. 그 자리는 교대하지도 않았다.

그 시기는 참으로 어수선했다. 인민군 치하에 저들이 난장판을 벌렸으니 얼마나 혼란스러웠겠는가? 나는 영등포역에서 내려 학생증을 보여주고 한강을 건너 종로 5가 동숭동의 문리과대학까지 걸어갔다. 그때는 다 걸어 다녔다. 타고 갈려고 해도 차가 없었다. 사람도 드물어서 걸어 다닐 만했다. 젊은 시절이라 힘든 줄도 몰랐다. 청량리 밖 전농동에 숙소를 정했는데 문리대까지 늘 걸어 다녔다. 전차 탈 돈도 아껴야 했기 때문이다.

대학당국은 먼저 불타 없어진 일부 학적부를 복원해야 했다. 학적부의 일부는 어느 충직한 직원이 부산까지 짊어지고 갔지만 나머지 일부는 불타 없어졌던 것이다. 당사자의 기억과 동급생의 증언에 의지해서 학생이 취득한 강좌와 학점을 고려해서 새로 학적부를 만드는 수밖에 없었다. 지방에 가 있다가 복학하려고 와서 보니 학적부가 없어 몹시 애를 먹었다. 학생증이나 본부에 있는 학적부, 기타 교수의 보증 등으로 복학은 되었으나 학적부가 불타 없어졌으니 그것을 새로 만들어야 했다. 어느 복학생은 학적부를 만들려고 대충 기억나는 대로 과목명을 적고 학점을 적당히 적어서 제출했더니, 그러면 너는 졸업을 하고도 남으니 줄여라, 이것은 학기가 틀리다, 이 과목은 정식 명칭이 아니다, 담당 교수가 틀리다 등등으로 친구를 찾아다니며 수정하느라 고생을 했다.

학생들은 계속해서 서울에 머물러 있기가 매우 힘들었다. 무엇보다도 군 복무에 묶여 있는 사람이 많았고, 전시 중에 지방의 고등학교에 임시교사로 취직해 있던 사람은 수업을 계속하고 돈도 벌어야 했던 것이다. 그밖에 경제적 사정이 여의치 않아 등록만 하고 곧장 귀향할 수밖에 없는 학생도 많았다. 가정교사를 구한다는 것은 하늘의 별 따기였다. 다 먹고 살기 힘든데 어떻게 가정교사를 두고 자녀를 가르치겠는가? 입학은 선배이지만 졸업은 후배가 되는 경우가 비일비재했다. 선후배가 뒤죽박죽으로 된 것이다. 훨씬 뒷날 일이지만 동문명부를 만듦에 있어 졸업순으로 하면 프렌드십이 맞지 않고 입학순으로 하기에는 너무 힘들었다. 일일이 확인을 해야 했기 때문이다.

그때 문리대 교정에는 벤치도 없어서 휴식시간에는 정원수 둘레에 박아 놓은 시멘트 위에 앉아서 쉬었다. 옷은 군복을 염색해서 입었고 신은 군화였다. 학생들은 대개 미군이 마구 쏟아놓은 파이프 담배를 피웠다. 파이프가 대유행이었다. 그리고 웬 중절모가 유행이어서 많은 학생들은 중절모에 파이프를 물고 있었으며, 대개는 명함을 사용했다. 어른 행세를 해야 체면이 섰다. 대학생은 완전히 성인으로 자처했고 사회도 성인대접을 하던 시절이었다. 하긴 대학 3년생이 지방의회의 의원으로 선출되고 의원들은 회의 진행방법을 몰랐기 때문에 의장이 되어 학교를 그만두던 시대였으니까 그럴 만도 하다.

교정에 함께 앉아 있다가 종이 나면 강의실로 들어가는데 교탁에 가서 모자를 벗어 놓는 사람은 강사이고, 책상 위에 모자를 벗어 놓는 사람은 학생이었다. 함께 입학했는데도 2,3년 먼저 졸업한 사람은 강사가 되어 교탁 위에 서고 그렇지 못한 사람은 학생신분으로 머물러 있었던 것이다. 전쟁 통에 월북한 교수도 다수 있고 군무에 붙잡혀 있는 사람도 있어 그만큼 교수요원이 부족했다.

  그러니 문리대의 정규 교수자격을 가진 사람은 사립대학 교수를 겸하는 경우가 더러 있었다. 문리대 교수가 성균관대의 교무처장을 겸했고, 청송도 그 무렵 중앙대학의 문과대학장을 겸했다. 자연 휴강이 많아질 수밖에 없었다. 철학과의 한 강좌는 시강始講과 종강終講 두 번의 강의로 그 학기를 마쳤다. 그리고 학점은 전원 C였다. 그 이유를 묻는 학생도 없었지만 더러 물으면 "그러면 학생이 그 이상 뭘 알아!" 하는 핀잔만 돌아왔다. 요즘 같으면 행정소송감이다. 아카데미셰스 피어텔(교수가 강의실에 15분 늦게 들어오는 독일대학의 관행)은 엄수되었는데, 한 15분 기다리다가 소식 없으면 그냥 휴강인 것이지 휴강이라고 통고할 것도 없고, 통고할 사람도 없었다. 각 학과에 전화도 없었을 뿐 아니라 교수들도 연구실에 나오는 일이 거의 없었다. 조교는 전부 무급이었다. 문리과대학에 유급 조교가 하나 있었으나 그 TO를 전임강사로 써버렸다.

  봄 학기는 4월에 시작되었으므로 춘분 뒤에 개강하고, 가을학기는 추석을 쇠고 올라와서 서리가 내리면 종강이다. 땔감이 없으니 추위를 견디지 못했던 것이다. 제대로 강의하는 강좌는 참으로 드물었다. 이것은 문리대 문과의 경우다. 학생들은 교수에게서 그 분야 전공도서 소개를 받는 것으로 만족해야 했다. 거의 독학인 셈이었다.

4. 서울대 교수 시절의 청송

1954년에는 한국철학회가 창립되었다. 한국철학회에서는 2013년에 창립 60주년 기념식을 가졌던 모양인데 정확하게 말하면 54년 봄에 창립되었다. 일부 인사는 피난수도 부산에서 철학회의 창립논의가 있었다고 하면서 그것을 근거로 한국철학회가 부산에서 53년에 창립되었다고 하여 2013년 봄에 창립 60주년 행사를 했다고 하는데 도대체 부산의 누가 누구와 학회의 창립을 논의했단 말인가? 53년 서울대학 철학과에는 청송 이외는 아무도 없었다. 박홍규 조교수는 그때 불어불문과에 속해 있었다. 고려대는 대구에 있었다. 부산대학은 아직 생기지도 않았지만 생긴 뒤에도 교수라고는 이종달(李鍾達, 동양철학 전공) 한 분이었다. 그러니 누가 누구와 학회창립을 논의했다는 말인가? 설사 논의를 했다 하더라고 그것이 곧 학회의 창립은 아니니 창립이려면 적어도 초대회장이 선출되고 정관이 정해지고 창립선언이 있어야 하는 것이다. 부산의 임시 교사 시절에는 그런 논의를 할 분위기가 전혀 아니었다. 한국의 많은 학회가 수복 후인 54년에 창립되었는데 그것은 유네스코의 지원이 있었기 때문에 가능했다.

초대 회장(1954~55)에는 청송 고형곤 교수가 선출되고 정관을 통과시키고는 성균관대학의 대성전에서 창립 기념 촬영을 했다. 54년 봄이었다. 그때 실무는 조요한 철학과 조교와 류승국 성균관대 강사가 맡아 했고 그 인연으로 그들은 초대 간사를 맡았다. 상임간사로는 김준섭 교수가 임명되었다.

이 해에는 또 대한민국 학술원도 창립되었다. 청송은 제1분과 회원으로 선임되었고 1981~88년에는 원로회원, 89년 이후 사별할 때까지는 종신회원으로 있었다.

55~56년에 청송은 미네소타 프로젝트의 일환으로 1년간 미국 예일

대학에 교환교수로 외유를 했다. 미네소타 프로젝트란 한국의 전후 복구를 위해 주로 한국의 저명한 대학교수들을 1년씩 미국의 각 대학에 와서 연구도 하고 미국 대학의 실정도 살필 수 있게 하는 기획이었다. 비단 교수들의 초청만이 아니라 예를 들면 서울대학 출판부를 위해 인쇄시설을 지원하는 것도 그 프로젝트에 들어 있었다. 어쨌든 교수들의 초청으로 인해 한국의 대학 교수들의 안목이 크게 높아진 것은 사실이다. 일본식 대학의 티를 벗어버릴 수 있는 것도 그 덕이었다. 이 프로젝트는 두 번 정도 계속되다가 그 뒤에는 흐지부지 없어졌다. 뒷날 청송은 「미국의 생리」라는 글을 통해 미국에 대한 인상을 정리해 놓았다.[19] 1956년에 쓴 글이지만 지금 보아도 미국에 대한 관찰이 정확했음을 알 수 있다.

한국철학회는 제2대 회장으로 박종홍 교수를 선출했다(1955~56). 그러나 그가 미국에 갔기 때문(1955. 9)에 회장을 다시 선출하게 되었다. 청송은 제3대 회장으로 재선되었고, 그 임기 안에 학회지 『철학』 1, 2호까지를 출간했다. 학회의 운영자금을 마련하기 위해 각 분야마다 분담해서 집필한 철학교재를 발간하였다. 그러나 교수회원들이 교재로 채택해 주지 않아 이것은 성공적이지 못했다. 그 뒤 학회지는 10여 년간 발간되지 못했다. 그때 간사로는 이영구가 수고하였다. 57년 학회장 임기를 마치고 후임으로 동국대학의 김용배 교수(동양철학 전공)가 선출되었다. 나는 그때 간사로 그분을 보필했다. 다음 회장으로는 고려대학의 이종우 교수가 선출되자 나는 학회의 제반 서류를 고대의

---

19 같은 책, 288쪽 이하.

신일철에게 인계했다. 그 뒤 연대의 정석해 교수가 대를 이어 회장이 되었다. 그런데 훨씬 뒤에 내가 회장이 되고 보니 내가 인계한 회의록도 회계관계 서류도 다 없어지고 말았다. 학회활동이 침체되니까 그런 것에 신경을 쓰지 않았던 것이다.

그러다가 청송은 59년에 전북대학 총장으로 선출되어 서울대학을 떠났다. 이제 서울대학 교수로서의 청송의 강의 스타일을 정리할 필요가 있다. 그것은 어쩌면 학계를 떠나다시피 한 것이었기 때문이다.

5. 청송의 강의 스타일

교수들 중에는 매우 근엄하고 권위를 내세우는 타입이 있는가 하면 다정다감하여 학생에게 친절한 타입의 교수가 있다. 남 앞에서 자기를 높이려는, 그래서 어딘지 좀 위선적인 사람은 전자에 속하고, 자기의 속을 다 미우고 어찌 보면 권위가 없어 보이는 사람은 후자에 속한다. 청송은 후자의 인물이다. 학생들은 대개 전자에게 접근하기 어려워하면서도 그를 존경하고 따른다. 어른스러워 보이기 때문일까? 그러나 위선이 노출되면 돌아선다.

청송이 처음 경성대학으로 옮겨 왔을 때 무엇을 강의했는지는 나는 모른다. 1946년에 예과에 입학해서 48년에 철학과에 진학한 박근朴權 전 UN대사의 회고에 따르면 48년 당시 청송은 헤겔과 하이데거를 강의했다. 헤겔 강의는 인류의 역사가 자유실현의 과정임을 보여주었고, 하이데거 강의는 내던져진 현존재와 무에 대한 것이었다고 한다.[20] 말하자면 그때의 청송의 강의는 독일 관념론과 현대 존재론이었던 것이다.

그러다가 6. 25 사변과 전시연합대학 일을 마치고 본교로 돌아온 다음 해 53년에는 철학특강과 철학연습을 강의하였다.[21] 그 해에는 철학개론 강의가 없었다. 청송은 흔히 날씨기 좋으면 야외강의를 즐겼는데, 그때도 부산 동대신동의 음산한 가교사를 제쳐두고 야외의 볕을 받으며 발표를 들었던 것이다. 나는 철학특강 강의를 곁다리로 청강했다. 그 해 4년생인 주홍모가 미리 지명받아 후설『현상학의 이념』(일역본)을 가지고 와서 열심히 발표하는 것을 들었다. 발표 후 교수의 촌평은 매우 잘 했다는 것이었고, 이것이 인연이 되었는지 주홍모는 뒷날 중앙대학 교수로 발탁되었다. 철학연습 시간은 청강하지 않아 무엇을 교재로 썼는지 나는 모른다.

50년 9. 28 인천상륙작전으로 서울이 수복되고 또 다시 빼앗기고 하다가 53년 휴전협정이 성립되어 정부는 서울로 돌아오고 각급 학교도 본교로 돌아 왔다. 그래서 53년 2학기 강의는 서울에서 행해졌다. 그때는 학기제가 아니라 학년제여서 53년도 문리과대학 강좌 일람표에

---

20 『하늘과 인간과 멋』, 2007, 청송 고형곤 선생을 기리는 글모음, 133쪽 이하 참조.

21 『文理大學報』, 제2호, 1953, 96쪽에는 문리대 강좌 일람표가 있다. 거기 따르면 철학과 강의는 아래와 같다;

청송 이외에 전속 전임으로는 이인기 교수의 교육학이 있고, 고려대학에 적을 두고 있는 최재희 교수가 윤리학 강의를 했으며, 문리대 불문과에 속했던 박홍규 교수가 서양고대철학사와 불난서 철학논문연구가 있었다. 그 밖에 사대의 김계숙 교수의 서양근세 철학사, 동국대학의 김용배 교수의 중국철학, 김동화 교수의 인도철학, 미술대학 박의현 교수의 미학이 있었다.

있는 강의는 수복 후에도 그대로 계속되었을 것이다. 내 기억에는 청송의 강의, 특히 특강으로는 〈시와 과학〉(1954), 〈절대의식류와 객관시간의 구성〉(1955), 〈선과 Ex-sistenz〉(1956)가 있었다. 연습으로는 하이데거와 후설, 니체 등이 주로 이용되었는데 미국을 다녀온 뒤로는 카시러의 *Essay on Man*을 읽기도 했다. 특기할 만한 것이 있다면 미국에 다녀온 뒤 56년인가에 카르납의 기호논리학 입문서인 작은 책자를 연습시간의 교재로 삼아서 기호논리학 강의를 시도했는데 평생 독일 관념론에 묻혀 있던 두뇌로는 너무 무리였던 것 같다. 그 강의는 실패했다. 청송의 본령은 역시 후설과 현대 존재론 및 선불교였던 것이다. 50년대 중반 이후에는 하이데거를 통해 독일의 시인 횔덜린에 심취하기도 했다.

어느 해인지 서울대학교 개교기념 행사로 청송이 대강당에서 학술발표를 했는데 주제는 선불교와 현대철학이었다. 메모지에 몇 자 적어 온 것을 가지고 한 강연이었는데 너무 전문적이어서 학생들이 잘 알아듣는 것 같지는 않았다.

1975년 철학연구회에서는 청송의 칠순을 기념하는 특집호를 만들기 위해 나에게 '청송선생의 인품과 사상'이라는 제목의 글을 의뢰해 왔다. 거기에서 나는 청송의 강의 스타일을 자세하게 적어 놓았다. 길기는 하지만 그 일부를 여기에 옮겨 적어 보겠다.

…… 강의 스타일은 유니크하게 달랐다. 선생의 강의, 특히 연습은 외견상 매우 게을렀다. 교탁에 서지 않고 늘 학생책상에 학생들을 향해 앉는데 다리가 길어서 책상 밑에 들어가지 않는지라 옆으로

내어 무릎을 포개고 앉아서 안경다리로 턱을 문지르는 것이 이 시간의 선생의 스타일이다. 강의준비라곤 거의 없는 것 같았다. 그만큼 어학에 자신이 있는 듯했다. 그러나 모르는 낱말이 튀어나오면 무슨 뜻이냐고 학생들에게 묻는 것을 조금도 어색하게 생각하지 않았다. 어쩌다가 번뜩 생각이 치솟으면 그 빠른 말씨가 청산유수로 흘러나와서 미처 알아듣기가 바쁠 지경이기도 하지만, 때로 생각이 딴 데로 미쳐서 본론을 일탈하게 되면 천길만길 엉뚱한 데로 빠져서 "지금 우리가 어디를 이야기하고 있지?" 하고 오히려 학생들에게 묻곤 하였다. 어떤 때는 "지금껏 이야기한 것은 본문과는 너무 동떨어진 것 아냐?" 하고 스스로 멋쩍어하기도 하였다. 그럴 때면 으레 옆에 있는 학생더러 "여보게 담배 있나?" 하고 아무에게나 담배를 얻어 피우곤 하였다. 사실 선생은 담배를 제대로 피지도 못하면서 폼으로 즐기는, 말하자면 뻐끔담배였다.

강의 스타일이 제대로 나타나는 대목은 아무래도 특강시간이었는데 어쩌다가 원전을 가지고 들어오는 수도 있으나 대개는 메모지에 몇 자 끄적여 가지고 와서는 그 독특한 뒷짐 – 팔이 보통 사람보다 긴 탓인지 두 손을 등허리에 나란히 뒷짐지는 것이 아니라, 왼손 팔굽을 바른손으로 뒤로 추켜잡는 – 을 쥐고선 교단을 왔다갔다하면서 때로는 칠판에 몇 자 적는 수가 간간 있으나 대부분은 그 예의 빠른 구조口調로 속사포를 연발한다. 그것을 가지고 노트를 만들려고 했다가는 한 학기 동안 한 페이지도 못 채우고 말기 일쑤다. 선생은 어떤 생각이 뇌리를 스쳐가면 그것을 잡아서 줄줄줄 그 달변으로 신명 좋게 열정을 올리지만 때로 그 무엇인가가 잡힐 듯 잡힐 듯하다가 끝내 잡히지 않을 땐, 즉 사유가 와서 영글지 않을 때는 10분이고 20분이고 학처럼 긴 다리를 세우고는 학처럼 부동의 자세로 한 곳을 응시하는 것이었다. 이때 대부분의 학생들은 저들대로 잡담 ─ 그런가 하면 또 어느덧 얘기가 한동안 쏟아져 나오기도 하고 그냥 그것으로 끝나버리기도 한다. "졸리는 강의가 명강의지." 지금 와서 생각하면 그때 선생은 진짜 강의, original thinking을 했구나, 정말 그것은 어려운 강의요 웬만한 사람은 할 수 없는 강의였구나 싶다. 매주 그런 강의가 척척 준비될 리 없을 테고, 준비가 안 됐으면 숫제 학생들을 도서관으로 보내거나 야외강의라 하여 자유토론을 하게 했다. 그러고 보면 휴강을 자유로이 할 수 있었던 그 시절이 오늘날 우리로서는 부럽기 그지없다.

선생의 강의는 종래의 학설의 소개나 해설이 아니라, 그때그때 그 처지에서의 학생과의 mit-denken이었다. 그러니 자연 어려울 수밖에 없고 한 학년이 끝나도 노트는 물론 학설 하나 철학용어 하나 머리에 남는 것이라곤 없었고 강의조차 온 데 간 데 없었다. 유니크한 강의 스타일이다. 그러고 보니 학기말 시험 때가 되면 무엇을 가지고 시험을 보느냐고 학생들은 걱정이 태산 같았다. 그러나 막상 시험장에 나가 보면 문제가 매양 노트 조각을 송두리째 외워가지고 봐야 하는 그런 것이 아니라 웬만한 사고력을 가진 사람이면 답안을 작성할 수 있는 일종의 작문으로서 족한 것이었고 채점도 대개 80~90점으로 후한 편이었다. 지식의 테스트가 아니라 사고력의 테스트였던 것이다.…[22]

---

[22] 『철학연구』 제10집, 1975, 10쪽 이하.

50년대 말 전북대학 총장으로 떠나기 전에 조가경이 독일에서 귀국해서 시간강의를 할 때 청송의 대학원 강의에 참석했다. 하이데거 연습시간이었는데 "조 박사가 한번 읽어봐" 해서 조가경이 텍스트를 그 유창한 독일어 발음으로 읽었다. "우리가 읽는 것하고 별로 다르지 않군" 하던 생각이 난다. 그런 강의도 1959년 이후에는 들을 수 없게 되었다.

3장 총장, 그리고 그 이후의 삶

1. 전북대학교 총장

청송은 총장과 관련하여 두 편의 글을 남겨 놓았다. 하나는 1959년 3월에 쓴 총장취임사이고 또 하나는 그로부터 14년이 지난 어느 여름 해변가에서 쓴 총장재임 시절에 대한 회상이다.[23] 전자는 대학의 존재의의랄까 대학교육의 목표에 대한 천명이고, 후자는 문자 그대로 회상기이다.

　대학교육의 목표는 국가를 운영할 지도자의 양성에 있다. 그런 지도자는 내셔널리즘과 코스모폴리터니즘의 조화, 즉 세계문화의 조류와 창조에 기여해야 한다. 이런 세계문화는 양자의 유기적 연결을 필요로 하는데 그것은 다름 아닌 교양, 즉 인간성의 함양이 전제된다. 대학은 향기로운 교양인을 육성하는 곳이기도 하다. 이를 위해 자기는 동료제

---

23 두 가지 다 『하늘과 땅과 인간』에 실려 있다.

현의 도움을 받아 헌신하고자 한다는 희망을 천명하고 있다. 후자는 먼 뒷날의 회상을 적은 것이다.

청송의 총장기간은 지극히 짧아서 1년에 불과했다. 59년 3월에 취임했으나 그 다음해 60년 4월에 소위 4.19학생혁명이 일어나서 전국의 국립대학 총장은 서울대학의 윤일선 총장을 제외하고 모두 사임하지 않을 수 없었는데, 청송도 그런 분위기에 휩싸여 그만두지 않을 수 없게 되었다. 뜻을 제대로 펴보지도 못하고 학내 교수들의 파벌싸움에 희생되고 말았다. 파벌조성에 앞장선 교수들은 치사스럽게도 학생들을 부추겨서 배척운동을 일으켰던 것이다.

총장을 그만두고 돌아오는 청송의 보따리에는 책 몇 권과 가야금, 그리고 종달이 조롱이 전부였다. 가지고 갔던 것은 그것밖에 없었고, 가지고 돌아온 것도 그것뿐이었다.

물론 장단점이 있지만, 교수들에 의한 총장선출은 지금도 학내파벌을 조장하는 폐단을 보이고 있다. 그래서 요즘 국공립대학에서는 학내외의 인사를 적절히 배합해서 총장추천위원회 같은 것을 만들어 거기에서 총장을 초빙하도록 하고 있다. 그리고 일반 교수들은 학내의 보직에 연연하지 말고 자기의 전공분야 연구에 전념해야 한다. 그것이 교수의 본분이다. 그렇다고 가장 뛰어난 사람이 선임된다는 보장은 없다. 어느 때 어느 자리나 욕심 많은 사람이 차지하기 마련이다. 이런 점에서 보면 휴직하고 밖에 나가 한 자리 하다가 다시 돌아와 교수로 복직하는 제도는 개선해야 할 것 같다. 이것은 YS정권시절 여당의 인물 확보를 위해 만든 것인데 교수들의 전문성과 연구열을 현저히 저하시키고 있는 것만은 확실하다.

그건 어찌 되었건 청송은 그 뒤 연희전문 시절의 제자인 김연준이 창립하고 스스로 총장이 되어 경영하는 한양대학교의 부총장 겸 문과대학장에 취임하였다. 그 경과에 대해서는 앞에 말한 바 있다. 그러나 청송은 성균관대학에 시간강의를 하지 않을 수 없었다. 처음 약속은 전임으로 모시겠다는 것이었으나 시간강사료를 지급하는지라, 그 강사료를 찾지 않고 있다가 선거철에 어쩔 수 없이 한꺼번에 찾아 썼다. 와우산에 있던 옛집도 그때 처분했다고 한다. 이것으로 청송은 교수직과는 영영 이별하고 말았다. 그런 와중에 시세에 몰려 정계에 투신하게 되었다.

2. 정치참여: 제6대 국회의원

그 무렵 청송은 박정희의 군사정권에 반대하는 정치운동에 가담하여 본격적으로 정치일선에 나섰다. 전 서울고등학교 교정에서 군정을 반대하는 대중연설을 한 것이 그 효시였다. 그 연설에서 청송은 박정희 최고회의 의장이 군으로 복귀하고 민정을 회복하겠다, 군정을 연장하겠다를 반복하는데 '부정의 부정'은 긍정이니 이것은 군정의 연장을 말하는 것인즉 우리는 민주주의 국가이므로 군정을 종식해야 한다고 역설했다. 그날의 대중 연설은 매우 설득력이 있었다. 그는 그 방면에도 재능을 발휘했다. 이런 활동으로 인해 62년에는 옥에 갇히는 몸이 되었다. 그러나 같은 해 야당인 민정당의 공천을 받아 고향인 전북 옥구군에서 출마하여 당선되었다. 제6대 국회의원(1963~67)이 된 것이다.

청송은 정치를 타기하거나 전혀 무관심하지 않았다. 여기서 잠시 정치에 대한 청송의 평소 생각을 들어볼 필요가 있다.

그는 1년간의 예일대학 유학을 마치고 여의도 비행장에 내리면서 둘러본 한국과 한국인들의 삶이 미국과 비교해서 너무 가난하고 초라한 데 놀라 이제는 철학이고 뭐고 다 걷어치우고 지식인의 한 사람으로서 이 민중들을 위해 정치를 해야겠다는 생각이 절실하게 치솟았다고 한다. 이런 심정을 그는 '지식층과 정치성'[24]이라는 글에서 표명하고 있다.

한국의 현실은 누구라도 대번에 기적적으로 융성하게 할 수 없는 처지임을 인정하면서, 그럼에도 지식층에 속하게 된 것도 우리 겨레의 노고에서 온 혜택이니 "소위 식자층이 이 나라의 경륜에 참여함이 지극히 적은 것도 섭섭한 일이려니와, 그렇다고 해서 대안의 화재를 보듯이 되어갈 대로 되어가라고 오불관언 내지는 백안시의 태도를 취하는 것은 지식층들의 행동도 방가천재放家千載의 역운에 대한 도리가 아니며 민족 백대의 전망에 대한 과오가 아닐 수 없다"고 하여 정치에 참여하게 된 것이다.

물론 국토는 양단되고 산업시설은 파괴되고 … 이 난국에 처해서 여하한 위대한 정치가라 할지라도 대세를 만회하기는 매우 극난한 일이어늘, 하물며 일개 서생이 책을 던지고 섣불리 정치에 관여해서 그 무엇이 되리오만, 내가 하고 싶은 말은 이것이다 – 진실로 옷깃을

24 『하늘과 땅과 인간』, 229~236쪽 참조.

가다듬고 이 겨레의 비참한 모습을 마음속에 아로새기고 정치를
해보라! 또 정치의 권외에서 활동하는 사람들도 겨레에 대한 이
지성스런 정열을 가지고 정치에 대해서 유의하고 관심을 가지고
비판하고 격려해보라! 만일 이렇게 내외가 합심협력해서 국난에
직면정시한다면, 대번에 판국이 전환하여 금세 기적적인 융성을
가져오지는 못할지라도 그래도 조금은 이보다 살기가 수월해지지
않겠는가?

국민의 마음을 한가지로 모으는 것을 국난극복의 요체로 삼고 이것을
정치인과 국민이 합심해서 이루면 현상을 극복할 수 있을 것이라는
것이다. 정치인은 사심 없이 오직 국민을 도탄에서 구하는 것만을
최대목표로 삼아야 함을 마음에 새기고 있어야 한다고 했다.

그러면서 그는 『논어』의 미자微子편을 소개한다. 공자가 제자들과
여러 제후국을 유세하며 다니다가 큰 강을 만나 자로子路로 하여금
나루가 있는 곳을 알아오도록 했다. 자로는 장저長沮와 걸익桀溺의
두 농부를 만나 나루 있는 곳을 물었다. 장저는 공자라면 나루 있는
곳을 모를 리 없을 것이라 하고, 걸익은 지금의 천하가 탁류처럼 도도히
흐르듯이 어지러워지고 있는데 누가 그것을 바꿀 수 있겠느냐, 그대는
쓰임 받지도 못하고 이리저리 밀려다니는 사람을 따라다니지 말고
우리처럼 농사나 짓는 게 어떻겠느냐고 하면서 나루 있는 곳은 아예
가르쳐 줄 생각도 하지 않는다. 그들은 은자이다. 자로가 전하는 말을
듣고 공자는 "새나 짐승과는 함께 할 수 없는 법, 내가 세상 사람들의
무리가 아니라면 누구와 더불어 어울릴까. 천하에 도가 행해지고 있으

면 나는 개혁하려고 하지도 않을 것이다"라고 하면서 세상 사람들이 자기를 이해하지 못하는 것을 안타까워하였다. 위衛나라에서 노魯나라로 돌아가는 길에 난초향이 홀로 무성한 것을 보고 의란조猗蘭操라는 곡을 지어 거문고를 타면서 스스로 때를 만나지 못한 것을 슬퍼했음을 소개한다. 청송 자신이 그런 공자의 심정으로 현실정치에 임하는 심정을 토로하고 있다.

65~66년에는 초선임에도 통합야당 민정당의 정책위 의장과 사무총장이 되어 당수인 해위 윤보선을 모시고 야당 살림을 맡아 보았다. 야당이 여당에 대해 온건한 소위 사쿠라 야당과 여당에 선명하게 대립하는 선명야당으로 분열되었을 때 그는 후자인 명정회明政會를 이끄는 리더가 되었다. 그러나 그 한 번의 국회의원으로 그는 정치와 결별한다. 정치에 환멸을 느껴서였는지 아니면 선명야당의 리더가 되는 것이 자손들의 앞길에 장애가 될 것을 염려해서인지 그 뒤로는 정치를 완전히 잊고 서제로 돌아와 저술에만 몰두한다. 청송이 정치인으로서 어떤 업적을 남겼는지 나는 잘 모르지만 군산 사범학교를 군산 교육대학으로 승격시키고 동국대학 역경원의 역경사업 예산을 대폭 올려서 크게 도움을 준 것은 우리에게도 알려진 일이다. 고려대장경을 현대어로 번역하는 사업은 그 자체로 굉장히 귀중하고 의의있는 문화사업이다. 그런 인연과 불교 연구로 1970년 청송은 동국대학의 역경원 심사위원으로 초빙되기도 했다.

같은 글에서 묘하게도 청송은 현실정치에서 은퇴하는 심정을 도연명陶淵明의 「귀거래사歸去來辭」의 한 대목을 해설하는 것으로 대신하고 있다. 도연명이 팽택령彭澤令이라는 하급관리로 벼슬살이를 위해 부임하자 곧 상관인 군독우郡督郵가 순시를 오는데 산하 관원들은 모름지기 예를 갖추고 나와서 머리를 조아려야 한다고 하자 그것이 역겨워 그 자리에서 사표를 내고 고향으로 돌아가면서 지은 부賦가 「귀거래사」다. 그 글 중 청송은 시인이 고향에 돌아와 외로운 소나무를 어루만지면서 머뭇거린다〔撫孤松而盤桓〕는 대목을 인용하여 앞에서 인용한 공자의 의란조와 대조시키고 있다. 전자는 정계에 나아가지 않을 수 없는 심정이고, 후자는 정치현실에서 발을 빼고 자연으로 돌아가지 않을 수 없는 심정의 표명이다. 정계은퇴를 미리 예감이라도 한 듯이 그 심정을 위의 참여의 글과 함께 이 「귀거래사」를 해설하고 있다.

국회의원 시절인지 그 무렵에 선거구민들이 정치자금을 걷어 주었는데 이것으로 청송은 장학회를 만들어 고향의 중고등학생들에게 장학금으로 지급했다. 이것이 '청송장학회'인데 뒷날 철학과 불교에 업적을 남긴 저술에 대해 큰 상을 주는 '재단법인 청송장학회'로 발전하였다. 이제 개인적으로도 웬만큼 살 만하게 되었고 국가재정도 튼튼해져서 무료급식을 할 만큼 되었는지라 중고생들에게 장학금을 나눠 주어 봤자 별로 도움도 안 되고 그렇다고 큰 돈을 줄 수 있을 만큼 재력을 갖춘 장학회도 아니니, 차라리 서울로 옮겨서 학문적 업적을 낸 학자를 격려하는 것이 낫겠다고 생각한 것이다. 2007년 11월에 첫 시상식이 있었다. 이 장학회 기금은 처음 청송이 마련한 기금에다 청송의 별세 후 그가 남긴 재산의 일부를 보탠 것이다.

3. 서재로 돌아오다

정계를 은퇴한 청송은 먼저 집안에 서재를 마련했다. 그의 집은 청량리에 있는 구 경성제대 예과 근방에 있는 대학관사를 불하받은 것 같은데, 울안이 널찍하고 큰 소나무가 여러 그루 심어져 있는 2층 양옥이었다. 일본인들 집이 늘 그렇듯이 이 집도 방은 넓지 않아 서재로는 좀 옹색했다. 그래서 소나무를 몇 그루 베어내고 그 자리에 방 2칸짜리 독채를 따로 지어 서재로 삼았다. 여기서 청송은 처음으로 본격적인 저술활동을 시작한 것이다.

사실 우리나라에서 서양철학을 전공해서 창의적 업적을 낸다는 것은 거의 불가능하다. 기껏해야 서양철학을 해설하거나 오역 없는 번역서를 내는 것이 업적 구실을 하던 시절에 말이다. 서양인이 아닌 자로서 철학을 본격적으로 연구하려면 우리 것을 개발해야 한다. 철학 내지 사상의 면에서 우리 것이라고 할 만한 것은 유교와 불교밖에 없다. 이것도 엄격하게 말하면 우리의 고유사상이라고 말할 수는 없지만 우리에게 들어온 지가 오래되어 우리의 체질에 동화된 것이다. 그중 청송은 불교, 그것도 동양 특유의 선불교를 택해서 이것을 현대철학 특히 후설의 현상학과 하이데거의 존재론으로 구명한 것이다.

그의 평소의 소원은 '한 권의 명저'를 남기는 것이었다. 그래서 그런지 그는 남의 저술을 부러워하지도 않고 자신의 저술을 서두르지도 않았다. 사실 5, 60년대에 출판된 철학 저술이라야 고작 교재류에 지나지 않았다. 그것을 부러워할 것은 없다. 그때는 학술적 논저를 출판할 계제도 시기도 아니었다. 그런 소망을 이룬 것이 아래에서 소개하는 작품들이다.

그 첫 번째 작품이 「선禪의 존재론적 구명究明」(1968)이었다. 거기에 이어 「해동조계종海曹溪宗의 연원 및 그 조류」(1970), 「추사秋史의 '백파망증白坡妄證 십오조十五條'에 대하여」(1975), 「화엄신론華嚴新論 연구」(1977) 등이 줄달아 발표되었다. 이 논문들은 모두 대한민국 학술원 논문집 인문사회과학편에 게재되었다. 그동안 온축했던 저력이 한꺼번에 쏟아져 나오듯 하여 학술원 회원의 면모를 크게 과시한 셈이다. 다시 「추사의 선관禪觀」이 한국학연구소에서 발표되었다 (1979).

「선의 존재론적 구명」으로 청송은 1970년 서울대학교 대학원으로부터 철학박사 학위를 취득했다. 동료들에 비해 학위 취득은 늦은 셈이다. 그래도 청송은 그것을 즐거워했다. 그리고 「선의 존재론적 구명」과 「해동 조계종의 연원 및 그 조류」는 내가 어느 은행가 출신의 부탁으로 잠시 경영하던 출판사 태학사太學社에서 단행본으로 출판되었다.

『선의 세계』라는 제호는 내가 붙인 것이다. 이 책이 대한민국 학술원의 저술상 후보로 선정될 무렵 당시 학술원 회장이던 두계斗溪 이병도李丙燾는 "제호가 좀 약하지 않아? 학술서적 냄새가 강해야 하는데 …" 하더라고 청송이 나에게 귀뜸했다. 그러나 그 제호는 그 뒤에도 그대로 사용되어서 이제는 고유명사처럼 되었다.

그 책에 수록된 것들은 처음 발표된 논문 그대로는 아니었다. 첫째, 이 단행본 발간을 위해 청송 자신이 '선의 세계'라는 선 해설 논문을 따로 집필하여 전체의 입문으로 삼았고, 둘째, 「해동 조계종의 연원 및 그 조류」는 이 책이 역사적 저술이 아니고 철학사상이므로 내가 그 역사적인 면은 대담하게 생략하고 보조국사와 진각국사의 선 사상에 초점을 맞추어 제목도 '해동 조계종에서의 존재현전'으로 바꾸어 실었다. 이 논문은 한국의 불교의 정맥을 선불교로 보고 그것을 사상적으로 정립한 것이기 때문이다. 셋째, 『철학연구』에 발표했던 논문을 「선에서 본 하이데거의 존재현전성」이라고 제목을 바꾸어 실었다. 이 책은 한국 선불교를 철학적으로 정초한 것이라고 말할 수도 있다. 여기에 이 책이 갖는 역사적 의의가 있다고 나는 판단했기 때문이다. 그것이 『선의 세계』(1971)이다. 이 책으로 청송은 대한민국 학술원의 저술상을 받았다. 그때 받은 상금으로 청송은 앞에서 소개한 어머님의 추모비를 고향의 선산에 세웠다. 1973년 4월의 일이다.

이 책은 한국에서 철학이 연구되기 시작한 이후의 최대 업적으로 받아들여졌다. 그럼에도 불행하기 그지없는 책이 되었다. 내용이 너무 전문적이고 어려워서 도대체 독자가 없었던 것이다. 이 책을 제대로 읽은 사람은 많지 않다. 저자 이외에 나는 교정을 보기 위해 어쩔 수 없이 몇 번 읽었고 그 밖에 불교를 전공하는 몇 안 되는 사람이 읽은 것으로 알려져 있다. 그러나 불교를 아는 사람은 후설과 하이데거를 모르고 후설과 하이데거를 이해하는 사람은 선불교를 몰랐다. 그러니 제대로 이해한 독자는 극소수일 수밖에 없었다. 서평을 쓸 만한 사람도 없었다. 뇌허雷虛 김동화金東華가 아직 생존해 있었으나 그는 법상종 계통인 데다 서양철학에 대해 생소하였다. 하는 수 없이 내가 2, 3의 언론지에 서평을 적었는데 그것은 '평'이라기보다는 해설이었다. 거기에서 나는 이 저술이 동서의 철학적 사유에 '가교'를 놓은 것이라고 했다.

얼마 뒤 교수의 겸직이 금지되었다. 의과대학의 유명 교수들이 따로 개인병원을 차려서 많은 환자를 자기 병원으로 빼내는 바람에 그것을 기화로 교수의 겸직이 금지되었다. 교수는 교수의 본분에 충실하라는 것이다. 그 통에 나도 출판사 문을 닫았다. 그러나 이 책의 지형은 삼영사三英社에 빌려주어서 거기서 발행하게 하였다. 어떻게든 독자에게 전달해 주고 싶은 충정에서 취한 조치였다. 삼영사에서는 태학사에서 간행한 그대로 발간하였다. 그러나 독자가 없기는 마찬가지였다.

훨씬 뒷날 김종욱의 주선으로 이 책을 1, 2권으로 나누어서 운주사에서 발간하게 하였다(1995). 한자를 대폭 한글로 고치고 새로 글을 추가하기도 하고 「해동조계종海東曹溪宗의 연원 및 그 조류」를 원래의 논문 그대로 역사부분도 복원하였으며, 하이데거 부분도 많이 고쳤으나 그 제목만은 내가 정한 그대로 두었다. 그래서 거의 새 책이 되다시피 했다. 그래도 독자가 즐겨 읽을 수 있는 것은 아니었다.

내가 경향신문에 에세이를 연재하던 1975년의 여름 어느 날 한 젊은 여성이 찾아와서 출판사를 차렸는데 내 글을 받아서 책을 내고 싶다는 것이었다. 내 글은 이미 문음사文音社에서 가져가기로 되어 있었으므로 나는 청송을 소개했다. 그때 청송은 평소에 신문 잡지에 발표한 글을 모두 모아 "하늘과 땅과 인간"이라는 제호의 수상집을 조양문화사朝陽文化社에서 출판했다.

이 출판사는 곧 문을 닫았고 뒷날 김종욱은 『선의 세계』와 함께 『하늘과 땅과 인간』도 재편집해서 운주사에서 발간하도록 주선했다 (1997). 조양문화사에서 발간한 첫 번째 책에서 더러는 빼고 더러는 새 글을 넣어서 만든 것이다.

　이 모든 논문과 글들은 김종욱의 주선으로 다시 동국대학 출판부에서 『선의 세계』라는 제호 아래 편집되어 2005년 46배판 794쪽의 대단히 큰 한 권의 책으로 총정리되었다. 이때 한문인용도 상당히 현대어로 번역되었으며, 많은 선 관계 글들이 함께 실려서 청송의 철학을 이해하는 데 큰 도움을 주고 있다. 『하늘과 땅과 인간』에 수록되었던 선 관계 글은 모두 여기에 합쳐졌으므로 실지로 『하늘과 땅과 인간』에 남아 있는 글은 수필류와 잡문 밖에 없었다. 그런데 사실 이 수필류 속에 정말 청송의 면목이 들어나는 명문이 들어 있다. '하늘과 땅과 인간', '창세기 제1장', '제야수상', '첫 봄의 감각', '가을·소요·독서', '세모유감', '초로初老', '초로속장初老續章' 등이 그런 것이다.

4. 내장산 10년의 적공이 날아갔다!

1975년 언저리에 청송은 내장산의 내장사 입구 근방에서 왼쪽 백양사로 넘어가는 산길 초입에 있는 조그마한 암자를 빌려서 10년 동안 혼자 기거하며 연구에 열중하였다. 암자에는 방이 두 개 있었다. 식사는 내장사 입구에 있는 음식점에 부탁해서 해결했다. 아침은 거의 거르고 주로 점심문제만 해결하면 되는 정도였다. 청송은 지극히 소식이어서 식사문제 따위에는 신경 쓰지 않았다. 미식가도 아니었다. 어느 해 겨울 나는 거기 들려서 하룻밤을 유한 일이 있다. 아침 식사로 드시는 것을 보니 냉장고에서 찬밥 한 덩이를 덜어가지고 더운 우유에 말아서 새우젓을 반찬으로 삼아 몇 숟갈 드시는 것이었다. 그러나 점심은 충분히 드시는 편이었다. 저녁은 대개 술 한 잔으로 해결하는 것 같았다.

그러고 연구하다가 지루하면 백양사 방면의 산길로 산책을 나서곤 하였다. 어떤 때는 멀리 백양사까지 가는 수도 있었다. 아마 자제분들이 가끔 문안차 들렀을 것이다. 더러는 제자들도 들렀다. 말동무는 기식하던 식당 주인 정도가 아니었을까? 학자의 생활이란 이렇게 단조로운 것이다.

나는 81년에 하이데거가 『존재와 시간』을 집필했다는 토트나우베르그의 산장을 백종현과 함께 방문한 일이 있다. 그 산장은 마르부르크대학의 교수로 재직할 때 모은 돈으로 1920년대 중엽에 지은 것으로 추측된다. 일본 유학생들이 남긴 기록물에 따르면 그때 하이데거는 일본 유학생들을 위해 그들을 호텔로 방문해서 독일어와 철학 과외를 했던가 보다. 제1차 세계대전에 독일은 패전국이 되었다. 전후 처리를 한 베르당조약으로 독일은 도저히 갚지 못할 액수의 배상금을 물리도록 처분되었다. 이로 인해 발생한 인플레로 생필품 값은 천문학적으로 폭등했다. 그 시절 독일의 참상은 상상하기 쉽지 않다. 그런 환경 속에서 히틀러의 나치정권이 태어난다. 나치당은 그런 배상은 못하겠다고 배짱을 부려서 독일인의 지지를 얻었던 것이다.

그러나 일본은 연합국에 편들어서 승전국이 되었다. 청일전쟁을 이긴 데다 일로전쟁까지 승리하여 만주와 중국으로 진출할 구실을 얻은지라 경제적으로 흥청거렸고 서양 문물을 수입하기 위해 우수한 두뇌를 선발하여 국비로 유럽에 유학생을 파견하였는데, 그들은 충분한 경제적 지원을 받는 터에 집에 여유가 있는 사람은 호텔에 머물면서 독일인 교수들로 하여금 자기네들에게 과외지도를 하도록 부탁하기도 했던 것이다. 그렇게 모은 돈으로 산장을 마련했던 것이 아닌가 싶다.

말이 산장이지 산 언덕 위에 있는 방 두 개짜리 조그만 외딴 초막이었다. 유리창으로 들여다보니 방안은 침대와 책상 하나뿐이었다. 집 옆에는 산에서 솟아나오는 물을 홈으로 받게끔 해서 물받이에는 물이 사철 넘쳤다. 내가 방문했을 때는 이미 하이데거는 저 세상으로 가고 집은 잠긴 채 비어 있었다. 집 주인이 없으니까 그랬겠지만 집에서 아래로 잔디 언덕이 상당히 멀리까지 흘러내리는데 그 잔디에 거름으로 인분을 뿌려서 별로 아름다워 보이지는 않았다. 어쨌든 그 집에서 마을로 이어지는 긴 길을 '하이데거 베크'라고 부르기로 했다고 들었다. 학자들의 생활이란 이렇게 소박하다 못해 초라하기까지 한 것이다. 물론 그의 본가는 프라이부르크 시에 있는 꽤 괜찮은 집이었다.

그 10년 동안에 청송은 거의 세상과 인연을 끊다시피 하여 잡문조차도 쓰지 않았다. 원광대학 총장 박길진의 회갑기념 논집에 발표한 「현대사조의 전향과 선사상」(1974)이 전부다. 거기서 주로 연구한 것은 무엇이었을까? 선불교와 원효 및 현대철학, 그중에서도 후설의 현상학이었던 것 같다. 선불교와 후설의 현상학 및 현대 존재론은 필생의 주제이니 말할 것도 없지만, 그때 거기에 정열을 불태워 집중적으로 연구한 것은 원효불교였던 것 같다. 아마 존재 현전성과 관련해서 한국불교를 그 원점에서 철학적으로 정립하려고 한 것은 아닌지?

청송은 그 10년 동안 꼬박꼬박 메모한 카드뭉치를 조그만 손가방에 빽빽이 넣어 가지고 귀로에 올랐다. 그런데 정읍의 시외버스 터미널에서 잠시 화장실에 들렸다 와보니 아! 뿔사, 그 가방이 없어진 것이다!

돈 가방인 줄 알고 누가 집어간 것이다. 10년 적공이 한 순간에 무너진 것이다. 아니, 한국철학 연구 10년이 한 순간에 날아가 버린 것이다. 본인의 부주의로 발생한 일이니 누구를 탓하랴? 그 이야기는 누구에게도 말 못하고 혼자서 속병을 앓았다. 그 순간의 그 참담한 심정을 어떻게 이해할 수 있을까? 자다가도 그 생각을 하면 잠이 확 달아나고 말 일이다.

나는 그만큼 처절하기는 않지만 그와 비슷한 경험을 한 바 있다. 정년으로 퇴임하고 곧, 이제는 나도 평생 연구한 시간론을 정리할 작정으로 타자를 겨우 익힌 컴퓨터 작업의 어설픈 실력으로 일을 하다가 10포인트로 타자한 100페이지를 작동실수로 날려버린 일이 있다. 그때의 그 참담함이란! 요새 같으면 복원할 수 있을 일이지만 그때는 그것도 몰랐다. 이것을 새로 복원해서 쓰는 데 꼬박 반년이 걸렸다.

그런데 청송은 그것을 복원하려고 하지 않고 그냥 망연자실하고 앉아 있다가 생애의 마지막에 원효연구를 어떻게든 만회하려고 애썼으나 그때는 이미 눈은 보이지 않고 귀도 들리지 않게 갑자기 늙어버렸다. 그 처참한 몸부림은 그냥 몸부림으로 끝나고 말았다.

여담으로 한마디. 그 암자는 자손들이 기념으로 임대해서 잘 개조하고 수리하여 훌륭한 건물로 만들어 놓았다. 우리는 그곳을 기념하기 위해 언젠가 거기에서 청송학술상을 위한 저술심사를 한 일이 있다.

제II부
철학

1장 청송의 서양철학 연구

청송이 서양철학 연구로 쓴 글은 다음과 같이 구분된다.

첫째는『선의 세계』IX. '현대사조의 전향과 선사상'이라는 제하에 실린 글들이다. 그 내용은 서양철학 중심으로 되어 있다. 이것을 나는 청송의 '서양 근현대철학의 이해'라고 했다. 주로 1950년대에 쓰인 것들인데 청송이 해방 후 대학에서 강의한 것을 바탕으로 그의 유럽의 근현대 철학사상 이해를 한 묶음으로 정리한 것 같은 느낌을 준다.

이 글들은 시대에 대한 진단처럼 되어 있으나 청송의 사상 연관에서 보면 지금 전개되고 있는 존재현전 또는 선의 적-조에 대한 서술이다. 청송 자신의 입장에서 본 현대의 존재 현전성인 셈이다.

둘째는 선에서 본 서양의 과학사상이다. 이것은『선의 세계』「I. 총론 — 산도 그 산이요 물도 그 물이다」의 「1. 산은 산이요 물은 물이다 — 미혹의 세계」의; 「2) 과학적 세계에 대한 서술」로 표명되어 있다.

셋째는 청송철학(Ⅰ)인데 내용적으로는 『선의 세계』Ⅲ. 「선의 존재론적 구명」에 서술되어 있는 것으로서 선에서 본 후설의 의식현상학과 하이데거의 존재 현전성이다. 이것은 청송이 가장 깊이 있게 다룬 서양철학이다.

넷째는 청송철학(Ⅱ)로 한국의 선사상과 그 전승이고, 다섯째는 청송의 실천철학이다.

나는 위의 첫째 부분을 '1. 청송의 서양철학 연구'라는 제하에 먼저 검토할 것이다. 거기에 이어 둘째 부분을 '2. 청송철학의 형성'에서 서술하고, 셋째 부분은 '3. 청송철학(Ⅰ)', '4. 청송철학(Ⅱ)', '5. 청송의 실천철학'을 그 순서대로 다루고자 한다.

1부분에 속하는 글들은 아래와 같다.

1. 시와 과학
2. 현대사상의 위기와 우리의 '시추에이션'
3. 니체의 사상과 현대철학
4. '지금-여기'의 처지적 파악
5. 세기의 감정
6. 현대사조의 전향과 선의 세계

이 글들의 내용을 나는 아래에서 내 견해를 유보하고 청송의 서술을 간략하게 축약해서 소개한다.

1. 시와 과학

앞에서 나는 1954년의 청송의 특강이 '시와 과학'이었음을 소개한 바 있다. 청송은 평소 시적 사유와 과학적-산문적 명제의 차이에 대해 많은 관심을 기울였던 것은 확실하다. 그러나 그때 어떤 텍스트를 가지고 어떻게 강의를 했는지 나는 알 수가 없다. 이 소론은 그때의 강의와 연관이 있는지 어떤지도 모른다. 그러나 이 테마는 청송으로서 는 언젠가는 한번 정리해야 할 과제였을 것이다. 그래서 이 테마는 청송의 사유세계를 평생 맴돌고 있었다. 아래에서 보다시피 시와 과학 은 그의 모든 논문에서 직접적 간접적으로 언급되곤 한다.

청송은 먼저 시와 산문을 구별한다. 흔히 양자를 운율의 유무로 구별하지만 청송은 이 양자의 구별을 존재의 언명과 존재자에 대한 설명으로 성찰한다. 시는 존재를 명명하고 산문은 존재자를 설명한다. 시는 '언어에 의한 존재의 창건'이라는 횔덜린의 말을 그는 인용한다. 존재를 하이데거는 뒤에 퓌지스로 표현하는데 청송은 이것을 다시 상주적인 것이라고 한다. 이때 시적 명명은 인간이 언어를 가지고 대상을 표현하는 것이 아니라 존재가 스스로 시인에게 현시되어 인간이 그것을 언명하도록 하는 것이다. 청송이 보는 시는 전적으로 존재현전 의 언명이다. 그 존재현전을 그는 하이데거의 『횔덜린 시의 해명』, 그중에서도 「마치 명절날처럼…」에서 보이는 자연의 자기현시로 제시 하고 있다.

「시와 과학」에서 과학을 대표하는 명제는 산문이다. 이 논문은 하이 데거의 후기 사유에 입각한 시론과 과학론을 소개하고 있다. 청송의 과학관은 하이데거의 『숲길』에 있는 논문 「세계상의 시대」, 『강연과 논집』, 『플라톤의 진리론』 등을 참고해서 근대의 주관주의와 그것의 연장으로서의 기술에 대한 논술이다. 이에 대해서는 뒤에서 따로 자세히 논할 것이다.

휠덜린의 시 「마치 명절날처럼…」(Wie wenn am Feiertag…)은 원래 제목 없이 쓰여진 것인데 휠덜린 연구에 심혈을 기울이다가 1차 세계대전 때 전사한 폰 헬링그라트가 그 시의 첫 번째 행을 그냥 제목으로 삼아서 1910년에 처음으로 공표한 것이다. 시가 쓰여진 지 110년만의 일이다. 폰 헬링그라트가 편집한 휠덜린 시집은 1914년에 발발한 제1차 세계대전의 포성이 요란한 싸움터에서 독일 병사들이 배낭에 넣고 다니며 탐독하곤 한 것이다.

하이데거는 이 시의 해명을 통해 자연(physis)개념을 구명하고 그것이 자기의 존재개념과 같은 것임을 천명하고는 거기 이어서 시와 시인에 관해 언급하고 있다. 그 자연을 하이데거는 더러 거룩한 것(das Heilige) ─ 그것은 혼돈(Chaos)으로 보일 수도 있다 ─ 이라고 하지만 본질적으로 Physis는 모든 개별적 존재자들이 거기에서 드러나는 광역(das Offene)과 같은 것, 그러나 그 자신은 결코 개별적 존재자처럼 드러나지 않는, 비유하자면 빛과 같은 것이다.

시는 모두 7연으로 되어 있다. 그 시는 이렇게 시작한다.

마치 명절날 이른 아침
무덥던 지난 밤 뇌성벽력으로
지새우고, 아직도

먼 하늘엔 마른 번갯불이 번쩍번쩍 하는데,
개울물은 또다시 넘쳐흐르고
대지는 싱싱하게 파랗다
포도송이엔 천혜天惠의 단비가 이슬 맺혔고,
사원社苑의 숲이 고요한 햇빛 속에 빛날 때
농부가 전장田庄을 보러 가듯이,

그와 같이, 시인들도 또한 은총의 천후天候 아래 서 있으나
저 혼자서 거장巨匠이 될 수 없는 그들을 불가사의하게
편현遍現하면서 포근한 포옹 가운데 기르는 것은
힘차고 신들처럼 아름다운 자연이다. 그러므로 연륜의 시간에
그들이 하늘에 또는 식물이나 민족들 사이에서
잠들고 있는 것처럼 보일 때
시인들의 얼굴에도 슬픔이 어리고, 홀로 있는 것처럼 보이지만
그러나 그들은 언제나 예감하고 있다.
예감하면서 그들 자신도 또한 쉬고 있기 때문에.

무덥고 뇌성벽력으로 요란스럽던 밤, 날은 샜지만 아직도 먼 하늘에
는 천둥소리 요란하고 번갯불이 번쩍번쩍 하는 명절날 이른 아침,
농부는 그 험악했던 간밤의 비바람에 자기의 작물이 얼마나 손상을
입었는지 근심스런 표정으로 농장을 둘러보러 밭에 나와 있다. 그러나
개울물은 넘쳐흐르고 대지는 싱싱하고 파랗게 생기 넘치고 포도송이에
는 천혜天惠의 단비가 이슬 맺혀 있으며, 숲은 고요한 햇볕 속에 빛나고

있다. '혼자서 거장이 될 수는 없는 시인'을 저 농부의 전장田庄과
같이 '불가사의하게 포용하면서 기르는 것은 도처에 편현하면서 신처럼
아름다운 자연이다.' 시인은 그 자연을 예감하는 자이다. 인위라고는
전혀 없는 자연은 때로는 위협하는 듯하면서도 안전하게 온 들밭과
푸성귀와 작물을 자기 품 안에 품어서 기르고 보호한다. 자연은 그지없
이 아름답고 은총스럽다. 그 자연에서 벗어나는 것은 아무것도 없다.
그 자연은 시인도 그렇게 기른다. 그 자연이 지금 시인 앞에 현전하고
있다.

이 자연은 존재의 개현성을 구체화한 것이다. 존재는 대상화를 통해
서가 아니라 바로 이 자연처럼 그렇게 현전하는 것이다. 또한 그런
자연 속에서 존재가 마치 물안개처럼 피어오른다. 그것이 그리스의
피지스요 그 현전성이다. 청송이 그렇게 강조하는 선의 세계는 바로
이 존재가 현전하는 세계이다. 그 세계는 우리가 일상적으로 고민하기
도 하고 즐거워하기도 하는 우리의 삶의 세계이다. 하이데거의 후기
사유 속에 빈번하게 등장하고 결정적 역할을 하는 현전성 개념은 이
자연(피지스)이 갖는 편현성遍現性, 즉 현전성이다. 저 시의 제3절은
이렇게 시작한다.

아, 이제 먼동이 튼다! 노심초사 기다리던 이 새벽,
내가 본 바로 이것 ─ 이 성스런 것이 나의 말이 되어야지
왜냐하면 저 모든 시간들보다도 더 늙고
서녘과 동녘의 모든 신들을 넘어서 있는
자연은 간과干戈의 소리를 절그럭거리며 눈을 뜬다.

그리하여 위로는 높이 에테르로부터 아래로는 심연에 이르기까지
확고한 법칙에 좇아서 언젠가처럼 성스런 혼돈으로부터
탄생되면서 다시 영감은
일체를 창조하는 것은 새로이 저 스스로를 느낀다.

시인의 말은 노심초사 기다리던 그 자연의 다가옴 바로 그것이다. 시적 언어는 일반 산문적 명제와는 전혀 다른 자연의 자기 현시이다. 그리고 그 자연은 시간이 발생하기 이전부터 동과 서의 신들까지도 넘어서 있다. 그래서 가장 늙고 또 가장 젊은 것이기도 하다. 바로 지금 현전해 있기 때문이다. 그러나 자연은 에테르로부터 심연에 이르기까지의 만유의 변전을 확고하게 규제하는 법칙이다. 나머지 네 연에서 시인은 시인의 탄생과 사명, 시인의 영혼, 자연과 신들에 관해 노래하고 있다.

하이데거의 존재개념, 후기에 존재 현전성이라고 하는 것은 이 자연과 같은 것이다. 하이데거의 후기 존재론은 이 피지스 개념에서 발단한다고 해도 과언이 아니다. 그것을 청송은 다시 노자의 『도덕경』을 주해한 몇 개의 글(소동파의 노자주 등)을 인용하면서 그것이 만물의 근원으로서의 (노자의) 자연개념과 같다고 논거하고 있다. 노자와 하이데거의 근접성을 시사한 것이다.

이에 반해 산문의 대표적 예는 과학적 명제이다. 과학명제는 '~면 ~이다'(if~ then~)라는 조건명제를 보편명제로 표현한 것이다. 가령 '물을 전기분해하면 산소와 수소로 분리된다' 따위가 그것이다. 산문과 과학적 명제는 대상을 외부로부터 설명한다는 점에서 일치한다. 이것

과 관련해서 청송은 서양 근대 이후의 과학적 세계상에 대한 하이데거의
사유를 소개한다.[25]

    서양의 근대는 데카르트의 cogito에서 비롯한다. 인간의 의식이
존재를 규정한다는 것이다. 이런 주관주의가 근대의 기본성격을 결정
한다. 본디 주관(Subjekt)이란 바닥(sub-)에 던져져(jectum) 있는 것,
즉 모든 것의 기초를 의미한다. 그것이 기체로서의 인간주관이다.
근대의 인간주관은 모든 존재자들에게 근거를 주는 기체가 된 것이다.
근대 이래 존재자는 주관에 의해 표상되는 대상이 되고 세계는 상(Bild)
으로 화했다. 그리하여 하이데거는 근대를 세계상(Weltbild)의 시대라
고 한다.

    존재자를 대상으로 표상하는 태도에서 인간은 자연으로 하여금 에너
지를 드러내도록 강요한다. 강은 수력발전의 자원이 되고, 석탄은
에너지원이 되며, 산은 석탄 등이 묻혀 있는 자원의 보고로 된다.
이것은 인간이 자연을 강요하여 자연으로 하여금 스스로 에너지원으로
그 모습을 드러내도록 도발한 결과인 것이다. 이제 Physis로서의 자연
은 없다. 여기에 인간본질의 전향이 요구된다. 인간은 이성적 동물이
아니라 자기를 존재 앞에 세우는 탈존(Ek-sistenz)이라야 한다.

---

25 과학에 대한 청송의 생각은 제II부 2장 중의 3. 서양의 과학과 기술에 대한
    청송의 견해를 참조할 것.

2. 현대사상의 위기와 우리의 '시추에이션'

이 글은 두 부분으로 구성되어 있다. 하나는 앞글을 이어 유럽의 근대가 위기에 몰려 있는 상황을 철학적으로 정리한 것이며, 또 하나는 유럽인이 아닌 우리의 처지를 사상적으로 검토한 것이다. 따라서 여기서 말하는 현대사상의 위기는 유럽의 사상적 위기이다.

앞에서 본 바와 같이, 유럽의 근대는 존재의 근거를 인간주관의 이성에서 구하고, 진리의 척도를 인간의식의 명증성에서 찾았다. 사유가 대상을 규정한 것이다. 세계는 인간에 의해 표상화된 관념체계로 대치되어 상像으로 화하였다. 이것은 데카르트의 코기토에서 시작하여 칸트의 주관주의 인식이론을 거쳐 헤겔에 의해 '현실적인 것은 이성적인 것이고 이성적인 것은 현실적인 것'이라는 절대적 관념으로 체계화되었다. 쇼펜하우어는 세계를 표상(Vorstellung)으로 파악했다. 세계를 대상화하고 개념화함으로써 그 속에서 논리적 필연성과 합리성을 확보하였다. 그것이 과학적 사고이다.

유럽의 과학적 사고는 기술을 낳고 기술은 기계장치를 통해 인간을 기계적으로 조작 가능한 부속품으로 보아 몰개성화하고 평준화하였으며, 자연을 인간을 위한 자원으로 개발하였다. 과학기술적 이성에 의한 대상지배는 강을 막아 물의 낙차를 이용해서 에너지원으로 만들고 바다의 조류와 바람까지도 에너지원으로 이용하고 있으며, 산은 자원과 에너지의 저장물로 파헤쳐지고 있다. 인간의 편의추구에 걸리적거리는 것은 산이든 강이든 파괴되고 개편되었다. 들과 산에 자연스럽게 자라 피어 있는 식물도 자연 속에서 제멋대로 날뛰는 동물도 인간을 위한 자원으로 바뀌어 인간에 의해 대량으로 개량·사육되고 있다. 닭은 달걀을 낳는 공장처럼 취급되고 있다.

이런 기술적 발달로 인해 인간사회는 생산기술의 발전과 거대화로 반인간적 조직으로 바뀌어져서 노예집단처럼 되었다. 거기에 사회는 대형화되어 대중이 등장한다. 사고가 났다 하면 대형화된다. 개인에게는 숨 쉴 틈조차 허락되지 않는다. 이런 사회에서 인간은 치유를 요하는 환자가 되었다. 고독이니 고향상실이니 하는 것은 벌써 옛날 말이 되었다. 거기에 힐링(healing)이라는 말이 새로 등장하고 이를 위한 여행이 전 세계적으로 유행한다. 그러나 의료기술의 발달로 노령인구는 갑자기 증가하였다. 삶에 지친 노인들의 자살률은 선진사회일수록 높다. 이런 것들이 현대 유럽의 위기를 초래했다. 그런 위기 속에서 나타난 것이 인간존중 사상인 네오휴머니즘이었고, 나아가서 인간 실존에 대한 자각이다. "실존은 인간이성의 엄숙한 파산선고이고, 니힐리즘은 세계를 표상화한 관념제재觀念制裁를 파괴해 버리려는 '무'에의 의욕이다."[26]

이 글이 쓰여진 1950년대 우리는 과학과 기술이 이처럼 견디기 어려울 만큼 그렇게 합리화된 세상에 살지 않았다. 우리는 자연을 표상으로 만들어 지배하지도 않았고, 도리어 자연을 운명으로 받아들이는 역사적 삶을 살아왔다. 자연을 운명으로 받아들인 예를 청송은 도자기와 그림, 문학작품, 또는 체념적 노래를 위시한 모든 생활방식 등으로 제시하고 있다.

---

[26] 『선의 세계』, 746쪽.

우리는 자기의 위치를 자연의 질서 속에 찾고 자기의 행위를 타자의 안에 방임하는 고료 거기에는 불안의 초조가 아니라 운명의 비애가 있을 따름이다.

……

거듭되는 운명에의 비애는 도공들의 심정에까지 스며든 것을 본다. 려말의 우울은 고려그림의 표정이요, 조선의 방임은 그 조화를 잃은 도안과 되는 대로 만들어낸 형태 속에 내던져져 있다. 대부분의 우리 민요가 비장하지 않은 것이 없으니, 비단 곡조에서뿐만 아니라 남도민요의 '아이구 어쩔거나!'의 가사에는 골수에 사무치는 슬픔이 스며 있음을 본다. 또 문학작품도 가령 『춘향전』 중 옥사 방문에서 춘향이의 대화를 보라! 원한의 빛이라고는 추호도 찾아볼 수가 없다. '나는 이게 나의 죄요만'의 그 사설은 그 얼마나 운명적인 표현인가? 한 사나이의 일시적 정렬로 인해 일생을 망쳐버리고만 그 억울한 심정에서 그 어찌 이러한 운명적인 표현을 상상할 수나 있겠는가?[27]

우리 조상들은 파초를 심어서 빗소리를 듣고 대를 길러서 바람소리를 들었으며, 이끼 낀 암석의 기구한 형태 속에서 돌의 고요〔石之靜〕를 보는 일여一如를 즐겼다. 그 어느 것을 보아도 우리는 자연순화적으로 살았지 그것을 지배하고 개발하지 않았다고 한다.

1950년대에 쓰여진 이 논문은 유럽의 과학문명이 처한 위기의식과 우리의 시추에이션은 다르다는 것, 즉 우리는 자연을 표상체계로 만들

---

27 같은 책, 748쪽.

지 않고 도리어 운명으로 받아들이면서 살아왔는데 지금은 그런 운명타령만 하고 앉아 있을 수 있는 형편이 아니요. 거기에 더하여 해방과 함께 민족은 남북으로 분단되어 이데올로기를 달리하면서 적대적으로 대립하고 있다. 이런 시추에이션에서 우리는 결단을 강요받고 있다. 그 결단은 유예를 주지 않는다. 대오각성하여 일어설 때라는 것이다.

　그리하여 지난 반세기 동안 우리는 이런 자연관을 과학기술이 발달하지 못한 원인으로 돌리고 자연개발과 지배를 우리의 지상과제로 삼아왔다. 가난의 질곡에서 벗어나기 위해 우리는 하루 빨리 유럽의 과학문명을 받아들여서 사회를 개혁해야 한다고 했다. 여기가 우리의 긴박한 50년대의 시추에이션이었다. 그 뒤 반세기의 세월이 지난 오늘날 우리나라는 유럽의 저 위기를 우리의 것으로 만들고 말았다. 어느 사이에 우리도 선진국병을 앓기 시작한 것이다. 자연훼손은 말할 것도 없고, 우리도 정신의 힐링을 간절히 바라고 주말이면 산과 들에 심신의 회복을 위해 나온 인파로 넘쳐난다. 템플스테이가 유행한다. 여행과 여가선용이 구호처럼 나부낀다. 농촌에서 논밭 가꾸기도 유행한다. 이 모든 것은 힐링의 권장사항이 되었다. 예술도 예외없이 엔터테이먼트가 되었다. 고령화는 선진국의 수준을 뛰어 넘고 있다. 빈부격차는 노후가 불안한 인간의 가슴에 먹구름을 만들고 있다.

　과학기술은 우리의 숙명적 가난을 어느 정도 극복하게 했다. 그러나 남북의 적대적 대립은 아직도 우리의 가슴을 짓누르고 있다. 오늘의 우리의 시추에이션은 우리로 하여금 우리의 운명을 우리 스스로 선택할 것을 여전히 강요하고 있다. 이것이 우리의 현재의 시추에이션인 것이다.

3. 니체의 사상과 현대철학

니체는 현대철학에 결정적 영향을 끼치고 있는 사상가다. 현대의 대륙
철학은 니체-하이데거의 영향 아래 전통적 형이상학을 무너뜨리고
새로운 길을 모색하는 것으로 분망하고 있다. 청송은 그런 니체를
불교적 입장에서 수용한다.

청송은 먼저 과거와 현재를 잇는 것으로서 몇 가지를 예시하고 있다.
첫째, 여행 중에 명승지를 구경하고 기념카드를 사는 경우가 있는데
이 기념카드는 단순히 과거를 과거로 기억하는 일지日誌에 지나지
않는다. 둘째, 친구와의 섭섭한 작별이나 결혼의 기쁨을 기념하기
위해 사진을 촬영해 두는 경우가 있다. 이때 그 사진은 현재의 평범한
생활을 카버하기 위해서나 현재의 허전한 심정과 무료한 시간을 메우는
데 좋은 재료가 된다. 마지막으로 고인의 업적을 추념하는 기념제를
들 수 있다. 이것은 앞의 두 경우와 달리 나 자신에로의 내면화를
수행한다. 즉 "(고인의) 업적의 회상은 현재의 나 자신의 내면적 구조를
형성하는 데에 큰 뜻이 있다."[28] 역사적 인물은 역사의 한 모퉁이를
거들었던 사람이다. 그러나 역사적 인물이 수행한 일이라고 해서 무조
건 다 추념하고 기리는 것은 아니다. 그의 업적 중에서 가장 현대적인
것 — 현대의 우리의 시추에이션에 가장 긴요하고도 심각하게 느껴지는
것만을 추념하는 것이다. "추념은 기억이 아니라 회상(Andenken)이요,
나아가서 우리들 자신에의 내면적 동화(Erinnerung)인 것이다."[29]

---

28 같은 책, 750쪽.
29 같은 책, 751쪽.

현대철학에서 니체는 여러 가지 점에서 크게 문제되는 사상가이지만 특히 청송이 주목하는 점은 "그가 관념과 표상의 체계에 대한 철저한 니힐리즘을 수행하고 난 뒤, 일체의 허구와 환화幻化가 없는 실재의 세계 — 현재 이대로의 세계에 대한 디오니소스적 긍정을 한다는 데 있다."[30] 현재 이대로의 세계에 대한 무조건적 긍정, 그것은 니체가 쇼펜하워를 통해 알게 된 불교로부터 받은 것이라고 청송은 보고 있다. 이 점에 초점을 맞추어 청송은 그가 철저한 니힐리스트라는 것을 강조한다. 그가 말하는 니힐리즘이란 무엇인가? 그 니힐리즘은 단순히 지루한 삶에 대한 부정이 아니라 유럽인을 2천년 동안 짓눌러온 가치체계, 즉 그리스도교의 모럴을 부정하는 것이다. 그리스도교는 유럽인들의 머리 위에 절대적 신을 설정하고 그 아래에 인간을 원죄인으로 어리석은 존재로 격하시킴으로써 왜소하기 그지없는 존재로 전락시켰다. 그리스도교 모럴 아래에서는 인간은 자기학대와 굴종을 미덕으로 삼는 지극히 나약하고 비굴한 자로 타락한 것이다. 그러면서 동시에 인간은 피조물의 세계에서는 가장 신에 닮은 존재이며 신의 세계에 도달할 수 있다는 목적의식을 불어넣어 신에게의 절대적 복종체계를 만들었다. 인간은 이 목적 있는 삶을 살아야 한다고 강조한다.

청송은 그리스도교 모럴이 천명되어 있는 『권력의지』 제1장 「존재에 대한 종래의 가치해석의 귀결로서의 니힐리즘」에서 니체가 그리스도교의 모럴은 인간에게 무슨 편익을 제공했느냐고 묻고 말하는 것을 다음과 같이 네 가지로 정리한다.

---

30 같은 책, 같은 곳.

① 그리스도교 모럴은 인간에게 절대적 가치를 부여했다.

② 그리스도교 모럴은 세계에 완전성을 허용하여, 세계로 하여금 신의 보호자로서 봉사케 했다. 세계에 자유를 허용하였다. 세계에 있는 재화는 인간에게 의의있는 양 보이게 했다.

③ 그리스도교 모럴은 인간이 절대적 가치를 인식할 수 있는 능력을 자지고 있다고 가정하고, 인간에게 가장 고귀한 것에 대한 적합한 인식을 허용했다.

④ 그리스도교 모럴은 실재적 및 이론적 니힐리즘에 대한 큰 해독제로서의 편익을 주었다.

요컨대 그리스도교 모럴은 인간의 무의미성·무목적성을 수정하여 인간으로 하여금 현실세계를 단념하고 피안의 세계를 동경하는 쪽으로 유도했다. 그러나 그 피안의 세계는 그리그도교의 형이상학적 기만이다. 이런 기만으로 유럽인들은 2천년 동안 굴종적 삶을 살아왔다. 그것을 폭로하여 대담하게 거부하면 그 가치가 허무화되고 거기에 니힐리즘이 입을 벌리는 것이다. 니힐리즘은 그런 종래가치의 철저한 부정이다. 다시 말하면 그리스도교 모럴을 부정함으로서 종래의 가치체계를 허물어뜨리는 것이 곧 니힐리즘, 전래의 가치의 전도이다. 그것을 단적으로 표현한 것이 '신은 죽었다'는 대담한 선언이다. 신 존재를 부정하고, 아니 신을 살해하고, 2천년 동안 유럽의 하늘에 드리워졌던 검은 구름을 걷어내면 거기에 청정한 하늘이 나타난다. 그것은 특정한 가치체계나 이념으로 세상을 해석하고 거기에 인간과 존재를 읽어 넣지 않는 청명한 세상, 있는 그대로의 존재를 절대적으로 긍정하는 디오니소스적 긍정의 세계이다. 그것은 있는 그대로의 존재

세계를 긍정하는 불교가 지향하는 바로 그 세계이다. 인간과 만유를 지금 현전하는 그대로 절대적으로 긍정하는 것을 청송은 선불교에서 발견한다.

그 불교의 그 절대적 현실 긍정을 니체는 『차라투스트라』의 '정오'에 서 표명하고 있다. 청송은 거기에 있는 니체의 문장을 길게 인용하고 있다. 여기서 덧붙일 것이 있다.

그것은 청송이 불교를 연구하게 된 사상적 배경에 관한 것이다. 특히 선불교는 만유가 시제 현전하는 그대로 절대적으로 긍정한다. 이 점이 청송의 현전성의 철학과 선불교가 만나는 지점이라고 나는 생각한다. 다시 말하면 청송의 선불교에 대한 관심과 연구는 니체와 하이데거를 정점으로 하는 서구철학의 한계에서 그것을 넘어서는 것으 로 수행되었다는 것이다.

4. '지금-여기'의 처지적 파악

인간은 누구나 특정한 처지 속에서 살고 있는데 특히 우리는 지금 남북분단이라는 역사적 시추에이션 속에 운명적으로 살고 있다. 이 공통의 운명은 우리가 선택하기 이전에 이미 저질러져서 우리에게 맡겨져 있다. 그것은 뒤로 미룰 수 있는 것도 아니고 앞으로 연기할 수 있는 것도 아니다. 그러면서 순간의 유예도 없이 해결의 결단을 강요하고 있다. 그야말로 실존적 상황에 속하는 문제이다.

이런 상황에서 그래도 우리를 구원으로 이끄는 것은 지성의 조명이 다. 그것은 과거의 단편적 경험을 모아 그 단편적 경험들 사이에 연관을 지어서 일반명제로 표시하여 공식화한 것으로 '(모든 X에 대하여) 만일 그것이 Y이면 그것은 Z이다'라는 논리적 형식으로 표시되는 것이다. 이것은 가정판단의 형식을 띠고 있지만 전칭적으로 타당할 것을 요구한다. 이것을 다시 과학명제 형태로 정리하면 두 가지로 나누어 볼 수 있다. 하나는 형식과학이라고 부르는 것으로서 논리학과 수학에 속하는 것이고, 다른 하나는 사실과학으로서 사태의 소종래를 따져서 원인과 결과로 연결하는 것이다. 전자는 분석적이어서 이유(전제)와 귀결(결론) 사이에 필연성을 보장하고, 후자는 종합적이라고는 하지만 언제나 예외의 경우를 예상하고 있다. 그러나 이런 인간의 지성의 빛으로도 지금-여기라는 처지적 운명을 결단하는 마당에서는 그것은 결정적 도움이 되지 못한다. 이 결단은 가부를 결정하는 것인데, 가부는 각기 50퍼센트의 가능성밖에 가지지 못하기 때문이다. 가령 X라는 병에 걸린 환자가 소생할 가능성은 의사의 경험적 관찰로는 70퍼센트일 수 있다. 그것은 그 의사의 경험에 따른 것이지 이 환자가 살아날 가능성은 아니기 때문이다. 이 환자가 살아날 가능성은 50퍼센트인 것이다.

이런 수리과학적, 사실과학적 설명으로는 당장 문제되고 있는 이 단일한 사태를 결정할 어떤 근거도 찾아볼 수 없다. 그러나 이런 과학적 설명 이외에 인문학의 영역에서 해석학을 끌어들여서 사실을 검토할 수도 있다. "해석은 과학적 분석과는 달리 행위의 세계를 이해할 수 있는 총명을 갖기는 했으나, 해석은 다만 어디까지나 일종의 관조적인 것일 뿐이요, 그것을 넘어서지는 못하는 것이다. …… 해석은 의미 관련을 넘어서서 암시를 독해할 수 없고 설명은 일반명제 속에는 들지 않은 선택을 찾아낼 수가 없다. 물론 이것이냐 저것이냐의 결정을 하는 데에는 일반 명제적 설명과 의미 관련적 해석이 그 보조적 역할을 하기는 하지만, 그것들이 결정과 단안을 내려주는 것은 아니다."[31]

이상에서 보듯이 아무리 인간의 지성에 의존해도 이런 개별적이고 급박하게 다가오는 실존적 문제는 과학적 명제로는 해결이 불가능하다는 것을 고백하고 있다. 다급하게 다가오는 실존적 문제에 대해서는 과학적 설명은 그 한계가 있다는 것이다. 다시 말하면 이 글은 지금-여기 우리의 운명적 처지를 파악하는 데는 엄숙하고 신중한 결단이 필요함을 역설하면서, 우리의 처지를 극복할 수 있는 지혜를 구하는 한 지성인의 고민이 표명되어 있다.

5. 세기의 감정

이 글은 앞에서 소개한 여러 글들을 총괄하는 듯한 인상을 준다. 즉 이 논문은 한편으로는 횔덜린의 시에 대한 하이데거의 해명과 거기서 논의되는 자연론이다. 하이데거는 횔덜린의 시「마치 명절날처럼…」에서 원초적 자연의 현전을 보여주고 있는데, 청송은 거기에 기대서 원초적 자연의 현전과 시인의 우수를 논하고 있다. 그리고 다른 또 한편으로는 그런 자연이 망실된 연유와 그로 인해 현대는 존재망각의 시대라는 것을 일깨워준다. 시인의 우수는 또 어떤 것인가?

일찍이 자연(physis)은 대상화되지 않고 만유와 함께 현전하였다.

---

31 같은 책, 758쪽.

그 자연은 태초 이래 대지와 초목, 산천 및 모든 동식물 등 생명체와 무생물체 속에 또는 신들의 영역을 넘어서 전체로서 드러나 있었다. 그런 자연은 모든 시간보다도 더 오래되고 모든 존재자보다 더 어린 것이다. 인간은 그런 자연 속에 포용되어 살고 있었다. 이 자연의 모습을 하이데거는 횔덜린의 시 「마치 명절날처럼…」의 제1, 2절을 해명하면서 선명하게 보여주었다.

그런 자연은 일찍이 초기 그리스의 사유 속에 현전했으나 그 뒤 망실되고 말았다. 플라톤은 진실존재인 이데아를 인간의 이념화작용에 의해 보여진 외관(모습)으로 규정함으로써 관념론적 주관주의에로의 길을 터주었고, 중세기에는 자연은 신학의 그늘에 가려져서 신으로부터 가장 먼 단순한 피조물로 전락하였다. 그러다가 근세 초에는 존재는 인간에 의해 '지각된 것'(esse est percipi)으로 파악했으며, 데카르트는 존재의 궁극적 근거를 인간의식의 명료성에서 찾았다. 그것이 사유가 곧 존재(cogito sum)라는 것이다. 말하자면 자연 및 존재는 인간의 시야(persepective) 속에서 보여진 것으로 함몰되었다. 이렇게 해서 인간은 존재자 전체를 통괄하는 기체(Subjekt)로 된 것이다. 자연 및 존재는 인간의 관념과 사유 속에 함몰되어 그 자체의 모습을 망실하고 만 것이다. 이것이 고향상실의 근원이다. 그런 자연을 회상하는 시인의 심정에 우수가 서려 있다.

이런 사유의 전환 속에서 자연에 대한 새로운 파악이 등장한 것이다. 이성적 동물로서의 인간은 자기의 삶의 목적에 적합하도록 자연을 개변하기 시작한 것이다. "자연이 인간의 생의 목적에 대한 단순한 수단이 되려면 그때엔 자연이 도리어 인간 이성에 의하여 설계된 목적 관념에 일치하는 구조를 가져야 한다. 그러므로 자연은 표상화·대상화의 과정을 거쳐서 인간의 의식내용으로 전환된다. 그러다보니 진리는 판단내용의 언표인 명제들의 논리적 관련성에로 전락하지 않으면 아니 되게끔 된 것이다."[32]

객관성을 확보하기 위해 인간은 자연을 대상화하고 표상화한다. 그러나 "이때의 객관성이라는 말은 부단히 유동하는 직관 속에서 추상작용에 의하여 추출된 몇 개의 이른바 본질적 요소들(성질들)을 통합하여 하나의 물체개념을 만들고, 이들 개념들 사이에 항구적인 관계, 즉 논리필연적인 관계를 설정하는 것을 의미한다. 그 대표적인 것이 인과율이다."[33] 이성적 존재자로서 인간은 그 사유 속에서 자연을 대상화하여 표상으로 만들고 거기에 이유와 귀결, 원인과 결과라는 논리적·실증적 장치로 그 자연을 그 필연성으로 연결하였다. 대상화된 표상이 곧 자연으로 인식되었다. 이제 자연 자체는 표상 속에 그 대용물로 있다. 그것은 곧 세계를 상像으로 만드는 것이다. 현대는 이런 상이 지배하는 시대, 세계상世界像의 시대이다. 이것은 존재가 망각되었음을 가리킨다. 현대는 존재망각의 시대이다. 과학기술은 그 존재망각을 더욱 강화하고 있다. 이런 사유의 경향은 고대 그리스의 플라톤 이래 외골수로 진행되어 왔다. 청송은 이 존재망각을 구체적으로 보여주고 있다.

오늘날 그 자연은 망각되고 희미한 그림자로만 남아 있다고 한다. 횔덜린의 시 「마치 명절날처럼…」을 해명하는 자리에서 하이데거는

---

32 같은 책, 762쪽.
33 같은 책, 763쪽.

오늘날 시인은 그 태초의 자연이 망각되었음을 우수에 잠겨 회상하고
있다고 적고 있다. 회상은 과거에 대한 추상이면서 동시에 장차 도래할
것에 대한 예상이다. 시인은 도래할 자연을 예상하면서 구원을 갈구하
고 있다.

2장 청송철학의 형성

1. 선과 서양철학의 만남

청송은 처음 서양철학 연구로 출발하여 선불교 연구로 끝을 맺었다. 이 사실은 우리를 당혹스럽게 한다. 처음과 끝 사이에 일관성이 없어 보이기 때문이다. 이것을 두고 여러 추측이 있을 수 있다. 처음 서양철학을 하게 된 것은 향학열과 지적 호기심 때문이었다고 할 수 있을 것이다. 선불교를 연구하게 된 것에 대해서는 앞에서 잠깐 언급한 바 있다. 이것을 해명할 청송 자신의 고백이 있다. 그것을 아래에서 인용한다.

> 나의 전공분야는 후설의 현상학과 현대 존재론이다. 그중에도 하이데거의 실존론적 존재론은 나의 필생의 연구 테마였다. 그러던 중 하이데거 만년의 사상경향이 동양의 선에 접근하는 것을 보고는, 『선종영가집』을 위시하여 선서연구에 착수, 선의 세계를 하이데거

의 존재론적 사상과 그의 용어를 빌어서 해명해 볼 의욕을 가지게
되었다.

하이데거가 그의 저서 『언어에의 도정』에서 일본인 교수와 대화형식
으로 서술한 부분은, 그의 선에 대한 관심이 얼마나 진지했으며
그의 사상에 선의 영향이 얼마나 컸던가를 보여준다.
또 그의 저서의 일역판들이 그의 독특한 용어들을 방하放下니 현전現
前이니 비은폐성이니 하는 선용어를 빌어서 쓴 것도 우연한 일이
아니다.[34]

청송의 선불교 연구는 하이데거의 실존론적 존재론 연구의 연장선에
서 시작된 것임을 밝히고 있다. 그러나 이 말은 얼른 납득하기 어렵다.
왜냐하면 하이데거의 『언어에의 도정』은 연구발표와 강연물 모음인데
단행본으로 발표된 것은 1959년이다. 이것의 일역본은 그 뒤였을 것이
다. 『선의 존재론적 구명』이 처음 발표된 것은 1968년이었다. 그러고
보면 두 책, 더욱이 일역본 사이는 매우 촉박하다. 거기에다 거기에서
선적 번역어를 보고 비로소 선불교 연구를 시작했다는 것은 시간상으로
맞지 않는다. 청송의 선불교 연구는 후설 및 하이데거 연구와 함께
이미 그 훨씬 이전부터였다고 할밖에 없다. 그 증거로 청송은 이미
1950년대 중반에 대학의 철학과 강의로 '선과 Ek-sistenz'라는 주제를
내걸고 강의를 했다. 하이데거의 존재론과 선불교에 대해서는 1950년
대 중반 서울대학교 개교기념 행사의 하나로 공개강연을 발표한 바도

---

34 『하늘과 땅과 인간』, 1997, 운주사, 282~283쪽.

있다. 청송의 기질이 선불교를 일찍부터 연구하게 했다고 이해해야
한다. 청송의 신불교 연구는 오랜 세월에 걸쳐 이루어져서 그것을
집필하는 데는 그다지 긴 시간을 필요로 하지 않았다.

> 나의 「선의 존재론적 구명」은 하이데거 만년의 사상인 '존재와 사유
> 의 공속 관계로서의 존재 현전성'을 가지고 이지원융理智圓融인 적조
> 寂照로서의 선의 세계를 해명해 본 것이요, 또 하이데거의 '인간의
> 본질적 사유(了悟)인 무(Nichts)에서 현실적 세계로서의 존재가 현
> 전한다'는 사상은 선문禪門 중에서도 특히 고려 보조국사의 '득견자
> 심경내得見自心鏡內 제망중중무진연기법계帝網重重無盡緣起法界'의
> 사상에 매우 친근하다는 점에 유의하여, 존재 현전성으로서의 선의
> 세계를 「해동 조계종의 연원」에서 밝혀 봤다. 전자 즉 「선의 존재론
> 적 구명」이 이론적 전개인 데 대하여, 「해동 조계종의 연원」은
> 이 이론이 지눌과 혜심의 사상 속에서 어떻게 구현되었는가를 예시
> 해 본 것이다.[35]

이 문장은 앞의 문장과 함께 「선의 존재론적 구명」과 「해동 조계종의
연원 및 그 전승」이 『선의 세계』(1971)라는 단행본으로 발표된 훨씬
뒤에 나온 수상집(1975)에서 천명한 글이다. 자기 정리를 하다 보니
나온 말이지 사실 자체에 입각한 것은 아니라는 것이다.
  앞에서 보듯이 청송은 서양의 근현대 철학이 니체와 하이데거에
이르러 한계에 도달하고 서구 2천년의 역사를 지배해 온 전승적 가치를

---

35 같은 책, 283쪽.

뒤집고, 거기에 구름 한 점 없는 청정한 하늘을 본 니체와 횔덜린-니체를 연결한 하이데거의 피지스 해석을 통한 존재 현전성을 선불교의 적조寂照와 관련지어서 철학적 사유의 동서간 가교를 놓으려고 시도하였다고 해석된다. 그러니까 청송의 사유는 처음과 후기 사이가 단절적·이질적이었거나 두 이질적인 요소를 갖다 붙인 것이 아니고, 처음과 끝이 하나로 꿰어 있는 사유의 전개였던 것이다. 이 입장에서 보면 청송의 전기사유, 즉 서양철학과 관련된 글들도 직·간접적으로는 하이데거의 존재론 내지 선불교와 관련되어 있고 특히 존재 현전성에서 양자의 구체적 일치점을 보았다고 해석된다. 그의 철학 연구는 존재 현전성으로 일관되어 있다고 할 것이다.

2. 현대사조의 전향과 선의 세계

이 논문은 한편으로는 청송의 서양철학 연구 — 위에서 소개한 여러 논문 — 에 대한 결론격이면서 동시에 하이데거의 후기사유가 동양의 선에 매우 근접한 사유임을 시사하는 논문이기도 하다. 논문의 제목이 가리키는 바로는 이 논문은 바로 이 부분, 즉 하이데거의 후기사유가 선적 사유로 접근하는 것을 보여주려는 의도로 쓰여진 것이다. 이 점에서 이 논문은 청송의 사유가 서양철학 연구에서 선불교 연구로 연장되는 이유를 구명하는 데 매우 중요한 근거를 제시해 주고 있다. 그것은 청송의 선불교 연구가 서양철학 연구의 자연스런 귀결이지 단순히 두 사상을 접붙인 것이 아님을 시사한다. 거기에 우리나라에서 처음으로 발표된 하이데거의 기술론이 곁들인다. 기술론 부분을 먼저 소개한다.

   하이데거의 기술론은 과학기술 시대에 경종을 울리는 철학자의 경고음이기도 하다. 하이데거에 따르면 기술(techne)이란 본디 제작의 하나로서 은폐된 것을 밖으로 드러내는 비은폐성, 즉 진리현상의 하나다. 현대의 과학기술은 자연 속에 은닉되어 있는 에너지를 탈은폐시킨다. 자연은 피지스가 아니라 에너지원이 되었다. 논밭은 씨 뿌리고 가꿔서 수확을 거두게 하는 대지가 아니라 기계에 의해 농산물 생산을 강요받는 식량자원이 되었다. 물은 갈증을 해결해주는 식수가 아니라 에너지원으로서 수자원이 되었다. 기술은 인간의 생활에 필요한 것을 주문하고 이를 위해 자연을 몰아세우고 강요하는 체제로 된 것이다. 존재자는 인간을 위한 부품이다. 자연은 목적–수단의 이용물로 화하였다. 여기에 현대 과학기술이 갖는 위험이 있다.

   이 논문은 1974년 원광대학 총장 박길재의 회갑논문집에 실린 글이다. 그 시기에 우리나라에 수입된 하이데거의 저술은 그렇게 많지 않았다. 가장 최근 것으로 여겨지는 것이 기술론 정도일 것이다. 말하자면 하이데거의 최말년의 저술은 그때 우리나라에서는 구해 볼 수가 없었다. 그럼에도 시와 기술에 관해 청송이 그렇게 관심을 기울인 것은 하이데거의 횔덜린 시의 해석에서 시작한 피지스론, 즉 존재현전성에 대한 관심이 그만큼 깊었음을 보여준다.

   이것에서 벗어나는 방편을 청송은 선적 사유에서 찾는다. 그 근접점을 청송은 하이데거의 『기술론』(*Die Techik und die Kehre*, 1962)과 그 책을 공동번역한 일본인 고지마〔小島威彦〕에게 보낸 하이데거의

편지 및 하이데거의 다른 저술(*Unterwegs zur Sprache*)에 실린 일본인과
의 대화 등을 참조·인용하면서 서술하고 있다.

대화와 편지의 내용은 주로 아름다움에 관한 것이다. 서양 회화의
주안점이 대상을 묘사해 내는 데 있다면 선에서 보는 예술의 아름다움은
작품의 내면으로부터 생생하게 말을 걸어오는데 있다는 것이다. 일본
에도시대 기생들의 언어와 행동거지, 의상 등의 매력을 의미하는 佅
(粹)의 아름다움은 '말을 건넬 듯 말 듯하는 탈자적 황홀로서의 정적의
하소연'이라고 하이데거가 이해한 것, 그리고 히사마쓰[久松眞一]와
나눈 예술에 대한 대화에서 하이데거가 "동양의 예술에서는 보는 자에
게 어떤 작용이 가해지는 그런 대상적인 것은 하나도 만들어내지 않습니
다. 형(상)은 결코 어떠한 상징도 아니며 또는 어떤 의미를 표현하는
형상도 아닙니다. 여기서는 차라리 글씨를 쓴다든가 그림을 그리는
행위에서 내가 근원적인 자기를 향하여 움직이는 그런 움직임[動]이
움직이고 있다고 보는 게 어떨는지?"³⁶라고 말한 것 등은 분명히 하이데
거와 선의 가까움을 증거한다고 청송은 서술하고 있다. 맛이 없는
데서 맛을 찾는 것이 선적 미각이듯이, 예술에 있어서도 무형·무위적인
것이 선적 예술이다.

이상 검토한 바로는 청송이 청탁받아 쓴 철학논문은 주로 시론과
근현대 철학사상이다. 그리고 그 내용은 대체로 하이데거의 사상을
반영하고 있다. 그중에서도 존재의 현전성에 대한 그의 주장을 수용하
고 있다. 나는 이 대목이 청송으로 하여금 하이데거와 선불교를 접근시

---

36 『선의 세계』(동대 출판부, 2005), 773쪽.

킨 대목이라고 생각한다.

3. 서양의 과학과 기술에 대한 청송의 견해

과학에 대한 청송의 관심이 일찍부터 있었음은 위에서 이미 누차 언급한 바 있다. 과학은 주로 시와 구별되는 산문의 대표적 예로서 언급되기도 했다. 근대과학은 자연적 태도에서 사물을 대하는 견해, 즉 상식의 연장선에서 성립한다. 청송에 따르면 비단 과학적 명제뿐 아니라 의지, 선과 악의 판단, 좋고 나쁜 것을 가리는 정서 등 인간의 의식은 모두 이 과학적 명제와 성향을 같이 한다. 그 대표적 예로서 우리는 과학적 명제를 내세우는 것이다.

근대과학은 사물에 대한 일상적 견해를 정치하게 해서 일반 명제로 만든 것이다. 이를 위해 근대과학은 관찰과 경험의 빈도를 인위적으로 무한히 증가시키는 실험을 한다. 상식의 세계에서는 실험은 쉽게 할 수 있는 것이 아니다. 그러나 과학은 인공적 실험시설을 이용해서 실험의 빈도를 무한히 증가시킬 수 있어 이를 통해 과학적 명제는 정치화되고 쉽게 일반화될 수 있어 그만큼 설득력을 높이게 된다. 그러나 어떤 경우에는 실험의 빈도를 높이지 않고도 쉽게 검증을 마칠 수가 있다. 가령 전기분해를 통해 물이 수소와 산소로 구성되어 있다는 것, 리트마스 시험지의 실험 따위는 한두 번의 실험으로도 충분히 사물의 본성을 발견할 수 있다. 그러나 대개의 경우 과학은 실험의 빈도를 높여서 대상으로 하여금 실험자의 아이디어에 맞게 자기의 실체를 드러내도록 한다. 화학실험 특히 제약실험의 경우가 그렇다. 식물학이나 천체학의 경우는 그 관찰과 실험의 기간을 상당히 길게 잡아야 가능하다. 이런 관찰과 실험을 통해 과학적 명제는 그 통용성, 즉 객관성을 높일 수가 있는 것이다. 이 객관성의 제고를 위해서는 주관적 견해를 가능한 한 배제해서 사태 자체가 '이런 조건하에서는 이런 결과를 초래한다'는 일반 명제를 제시하도록 해야 한다. 이 일반 명제의 객관성을 고도화하기 위해 과학에서는 수리적 표현을 즐겨 사용한다. 이런 조처는 달리 말하면 존재자를 대상으로서 객관화해서 설명하는 것에 다름 아니다. 근대과학은 이런 과정을 통해 사물의 일반성과 객관성을 확보했다고 자부한다.

그러나 일반성이란 사물에 대해 표상한 일련의 공통된 특징을 추상하여 만든 개념이고, 객관성이란 사물을 인간의 표상주관 앞에 내세우는 것(vor-stellen, 표상), 즉 대상화에 다름 아니다. 대상화와 표상화는 동일현상이다. 사물은 표상에 의한 관념에 다름 아니다. 거기에는 사물 자체는 없고 표상만 있다. 현대는 세계를 표상으로 만든 시대이다. 금은 창고에 두고 그것을 대신하는 지폐를 쓰는, 아니 지폐는 은행에 맡겨 놓고 수표로 거래하는 것이 그 대표적 예이다. 어쩌면 현대는 그 지금조차도 없이 그냥 있는 듯이 약정하는 시대인 것이다.

이렇게 보면 사물은 스스로 있는 현전사물 그 자신이 아니고 논리적 추상과 추리를 통해 구성된 개념 및 이 개념들의 연결체에 불과하다. 달리 말하면 근대과학에서 말하는 사물이란 인간의식의 산물인 것이다. 화폐를 대신한 어음의 예는 사물 자신을 개념이 대신하는 경우이다. 그것은 사물 자신에서 보면 인간이 만든 환幻인 것이다.

　이런 대상화를 통한 표상화는 비단 사물에만 국한되는 것이 아니다. 시간과 공간도 객관적 초월적으로 실재하는 것으로 믿고 그것을 가지고 사물의 지속량(시간)과 연장량(공간)을 측정한다. 인간은 표상하고 판단하고 지각하고 의욕하는 의식작용을 주재主宰하는 자아가 있다고 믿고, 또 이 자아 밖에 자아와 대립하는 객관적 세계가 있다고 믿고 있다. 불교에서는 전자를 아집我執이라 하고 후자를 법집法執이라고 한다.

　반면 표상하고 대상화하는 자아는 모든 사물의 바닥(기초)에 있는 실체가 된다. 실체란 바닥에 던져져서 놓여 있는 것(sub-jectum)으로서 모든 것의 기초, 근거, 관계중심이 된다. 이것이 근대의 주관주의의 기초가 되는 것이다. 세계는 이런 주관에 의한 표상의 산물이 된다. 표상으로서의 세계인 것이다. 그래서 근대를 세계상의 시대라고 하는 것이다. 이것이 하이데거와 더불어 청송이 보는 근대 이후의 과학적 세계관이고 청송의 과학에 대한 견해다.

　근대의 과학은 필연적으로 기술로 연장된다. 그래서 과학기술이라고 한다. 기술은 그리스인들에게는 존재자의 진리를 드러내는(her-vor-bringen) 방식, 존재자들이 자신을 드러내는 방식이었다. 거기에는 인간에 의한 강요가 없었다. 그러나 근대 이후의 기술은 자연으로 하여금 인간의 요구에 알맞게 자기를 드러내도록 강요한다. 산은 광물자원의 보고로 간주되어 채탄장으로 파헤쳐지고, 하천의 물은 에너지를 제공하는 수자원으로 여겨진다. 바람과 바다의 조류도 마찬가지다. 거기서 이끌어낸 에너지는 저장되어 재생되기도 한다. 태양광선을 현장에서 이용해서 우주탐험을 할 날도 그리 멀지 않은 것 같다. 근대의 기술은 단순히 진상을 드러내는 것이 아니라 인간의 필요에 상응하게 자기의 정체를 드러내도록 닦달치는(herausfordern) 것이다. 일찍이는 자연은 강요받지 않았으나 근대기술은 자연을 고문하고 강요하고 있다.

이런 과학기술의 체제하에서 자연 속에 피어 있는 꽃은 그냥 그 아름다움을 감상할 있는 것이 아니라 생물학자들의 연구대상이 되고 있으며, 물은 갈증을 해결해 주는 음료수가 아니다. 물을 분해해서 빼낸 산소와 수소는 다른 원소들과 결합해서 다른 물질로 변형되기도 한다. 생명체조차도 인간의 경제적 이익의 도구로 전락하고 말았다. 닭 공장이나 돼지 등 가축사육이 그 예이다. 이런 기술체제를 하이데거 는 몰아세움(Ge-stell)이라고 한다. 존재자를 인간 앞에 정연하게 줄지 어 세워놓는 것이다. 이 기술체제는 모든 존재자에게 적응되는 체계를 갖추게 되어 마침내 인간도 그 체계 안의 한 기술로 간주된다. 단 그 인간은 자신이 기술이라는 성격을 갖는 게 아니고 기술을 조종하는 기술자로 되는 것이다. 그뿐 아니라 인간도 자연사물과 마찬가지로 제기능을 담지하고 있는 존재자, 즉 신체의 각 부분은 얼마든지 다른 것으로 대체 가능한 것으로 간주된다. 근자에는 심장도 인공적으로 만들어 낄 수 있는 것으로 여겨지고 있으며, 심지어 인공적 조작에 의해 생명이 만들어질 수 있다는 데까지 이르고 있다. 현대는 과학기술 을 떠나서는 살기 어려운 시대이다. 기술력으로 인간은 만유를 절대적 으로 자기 지배하에 두고 있다.

하이데거는 횔덜린의 시 「마치 명절날처럼…」에서 그런 과학기술의 몰아세움이 없는 천연의 자연을 보고 있다. 그 자연은 일찍이 그리스인들에게는 피지스(physis)로 인식되었다 함은 앞에서 소개한 바 있다.

4. 하이데거의 존재 현전성

하이데거의 존재론은 전·후기로 나누어서 고찰해야 이해하기 쉽다.
현존재는 그 자체로 개시성이다. 인간의 개시성이 없으면 우주만유
와 이 세상은 캄캄한 어둠 속에 잠겨 있을 것이다. 개시성에 의해서
비로소 사유가 가능하다. 『존재와 시간』(1927)에서 극명하게 밝혀진
바와 같이, 하이데거 전기의 사유는 도구적 존재자(용재자, Zuhandenes)
를 중심으로 하는 현존재의 생활세계 속에서 존재론을 전개하였다.
그래서 가령 어떤 존재자의 존재가 참인가 거짓인가 하는 진리문제도
"존재론적으로는 세계-내-존재에 근거해서 비로소 결정될 수 있다."[37]
진리문제도 현존재인 세계-내-존재로 환원되어야 한다. 다시 말하면
이것은 전기의 사유가 현존재의 도구중심의 생활세계에서 전개되었다
는 것이다. 이것이 소위 존재자(현존재)에서 존재로 가는 길이었다.
그 길이 과연 유일한 옳은 길인가 하는 의심은 『존재와 시간』의 마지막
장에서 하이데거 자신에 의해 표명되었다. 이것은 그 반대의 길도
생각해봐야 하지 않겠는가 하는 여운을 남긴다. 왜냐하면 그 길은
인간중심적으로 되고 독아론으로 인도될 가능성을 내포하고 있기 때문
이다.
그러나 나치 치하의 대학 총장 선임과 퇴임, 민족주의 성향의 강연

---

37 *Sein und Zeit*, p.218

등을 경험한 뒤로는 이 전기를 넘어서려는 자기성찰이 있었는 듯 독일의
외롭고 불운한 시인 횔덜린(1770~1843)과 니체에 관심을 기울이면서
존재자인 현존재에서 존재를 구명하는 길보다는 존재가 현존재에서
그 현전성을 드러내는 길을 택하는 모습을 보였다. 그 대표적 표현이
『횔덜린 시의 해명』에 실린 논문, 즉 「마치 명절날에…」를 해명(1939)
한 글에서 드러난 자연 개념이다. 이 자연 개념은 뒷날 『형이상학
입문』(Einfuehrung in die Metaphysik, 1953)에서 Physis 개념으로 구체
화되거니와 이것이 처음 등장한 곳은 저 시의 해명에서이다.

　하이데거 전기의 사유에서 현존재는 존재를 개시하는 유일한 존재자
로 간주되었다. 이제 존재가 자연으로 바뀌었다고 해서 존재가 현존재
아닌 다른 어떤 존재자에게서 개시될 수 있는 것은 아니다. 현존재가
아니고서는 존재의 개시는 애당초 불가능하다. 현존재는 여전히 개시
성 역할을 해야 한다. 다만 현존재의 개시성의 거기(da)가 도구중심의
생활세계에서 불안을 매개로 해서 드러난 무를 체험한 현-존재
(Da-sein)의 현(Da-)으로 바뀐 것이다. 어떻게 다른가? 전자는 다분히
인간중심적이고 대상화하는 주체로 갈 가능성이 농후한 데 반해 후자는
그런 자아를 스스로 방하(放下, Gelassenheit)한, 그리하여 존재 중심의
현존재로 바뀐 것이다. 즉 현존재가 존재를 드러내는 입장에서 존재가
현존재에서 스스로 드러나는 것에 주목하게 된 것이다. 하이데거의
후기 사유는 이 현(Da-)=존재의 개시에 모아져 있다. 청송은 하이데거
의 다음 명제를 인용하고 있다.

　존재의 본질에 대한 물음은 인간은 무엇이냐는 물음과 내면적으로

밀착되어 있다. … 인간의 본질은 존재문제에 있어서 … 존재가 필연적으로 거기에서 개시되는 장으로서 이해되어야 하며 정초되어야 한다. 인간은 저 스스로 열린 'Da'이다. 이 존재개시의 장으로서의 현존재(Da-sein)의 본질에 존재개시에의 착안점이 근원적으로 정초되지 않으면 안 된다.[38]

존재는 그 본래적 의미에서 현전(An-wesen)이다. 인간에서의 존재의 현전은 일시적 우발적인 것도 아니며, 또 예외적으로만 있는 것도 아니다. 존재는 오직 인간을 요용要用하면서 현전한다. 왜냐하면 원래 인간만이 비로소 개현의 터전을 마련하면서 존재를 현전시키는 까닭이다. 존재의 현전에는 조명의 광장이 요용되는 것으로서, 이 요용 때문에 존재는 인간에 내맡겨져 있다. 그렇다고 해서 존재가 인간에 의하여 비로소 조정措定된다는 말은 아니다. 분명코 인간과 존재는 서로서로 내맡겨져 있다. 존재와 인간은 상호 공속共屬의 일체이다.[39]

존재의 개시 없는 현존재는 있을 수 없다. 마찬가지로 현존재가 아니고서는 존재는 개시될 수 없다. 존재와 사유는 동일자이다. 청송이 특히 주목하는 것은 존재의 현전성이다. 존재가 인간 현-존재에게서 현전하도록 하는 데는 조건이 있다. 존재 현전을 위해 인간은 파지변양은 말할 것도 없고, 평가하고 비교하고 의욕하고 결의하는 등의 대상지

---

38 『선의 세계』, 66쪽; M. Heidegger, *Einführung in die Philosophie*, S. 156.
39 같은 책, 66~67쪽; M. Heidegger, *Identität und Differenz*, S. 23.

향적 의식, 반연심을 방기하고 허심탄회하게 자기를 개방해야 한다.
존재에 자기를 내맡기는 것이다. 이것을 청송은 방하放下라고 한다.
하이데거의 표현 Gelassenheit를 그렇게 불교문자로 번역한 것이다.
그때에는 내가 사물을 비추어 보는 게 아니고 반대로 사물이 와서
나를 비춘다고 한다. 존재의 현전은 저 앞에서 말한 횔덜린의 시 「마치
명절날에 …」의 자연(피지스)처럼 현전한다. 그것이 존재 현전성인
것이다.

　이렇게 청송의 여러 논문의 내용을 요약 정리하고 보니까 중언부언이
있는 것 같은데 한마디로 말하면 청송의 철학적 사유의 초점은 현존재의
존재 현정성이라는 것이 드러난다. 하이데거의 존재론에 대한 청송의
관심은 이와 같이 존재의 현전성을 중심으로 하는 그의 후기 사유이다.
선의 사유가 궁극적으로 도달하고자 하는 곳도 다름 아닌 만유가 일시에
일체처一切處에서 드러나는 현전성이다. 청송이 현각의 『선종영가집』
사마타송에 있는 마음의 작용에 대한 서술이 후설의 의식현상학에서
말하는 파지변양과 그렇게 일치하는 것을 보고, 또 하이데거의 존재의
현전성과 선적 사유가 궁극적으로 도달한 적-조의 세계가 희귀하게
일치하는 것을 발견한 것은 청송의 형안이 아니고서는 불가능한 일이
다. 그리하여 그 양자의 일치를 천착하고 독자적 방법으로 자기의
사유를 펼쳐 보인 것이 바로 『선의 세계』이다.

3장 청송철학(1): 선과 존재 현전성

우리의 궁극적 목표는 청송철학을 요약·정리하는 것이다. 이 점에서 보면 위의 모든 서술은 이를 위한 서론에 불과하다. 그런데 청송철학은 서양의 근현대 철학이 마지막에 도달한 하이데거의 사상과 선불교를 통해 형성된다. 따라서 청송철학을 자세히 서술하려면 이 양자를 분명히 드러내야 한다. 그러나 그것은 그렇게 쉬운 작업이 아니다. 무엇보다도 나 자신의 능력이 거기에 미치지 못한다. 나는 선불교에 대해 아는 바가 거의 없다.

나는 재직 시절에 더러 하이데거의 텍스트를 강의용으로 이용한 일이 있고 그의 작품 두세 가지를 번역하고 논문을 쓴 일이 있으나 정년퇴직한 뒤로는 하이데거 연구에서 손을 뗐다. 하이데거의 철학이 심오하기는 하지만 사물을 보는 그의 견해가 현 단계의 우리가 받아들이기에는 좀 벅차고 또 늙어가는 나의 두뇌로는 이해하기 힘든 것도 이유이다. 우리나라에서는 존재론하면 무조건 그를 떠올리는데 존재론이 반드시 그의 전유물도 아니다. 존재세계를 있는 그대로 보고 그 근거를 묻는 것이 존재론의 제일의 과제일 터인데 그의 난해한 서술이 반드시 그런 진정성을 보여주는지 의심스러웠다. 나는 존재론을 공부하려는 초입자들에게는 하이데거보다 하르트만의 일반 존재론을 먼저 읽도록 권하기도 했다. 우리나라에서는 좀 더 넓은 시야를 가지고 학문세계에 임해야 할 것이라고 생각한다. 거기에 더하여 나의 고유한 문제의식도 나로 하여금 하이데거에게만 머물러 있을 수 없게 했다.

어렵다는 점에서는 선불교도 마찬가지이다. 모든 학문이 상식의 입장에서 보면 어려운 것이지만 선불교가 사물을 보는 태도 역시 결코 쉽지 않다. 『무문관無門關』에는 부처가 무엇이냐는 물음이 네 번 나오는데 사람마다 그 대답이 매번 다르다. 어떤 선사는 '마麻 3근'(18칙)이라 하고, 어떤 이는 '똥 덩어리'(21칙)라고 하는가 하면, 또 어떤 이는 '마음이 곧 부처[卽心卽佛]'(30칙)라고 하고 다른 자리에서는 같은 사람이 '마음도 아니고 부처도 아니라[非心非佛]'(33칙)고 한다. 이것은 부처를 교리적·개념적으로 이해하려는 사람에게 던지는 응수이겠지만 이런 데 사로잡히면 갈피를 잡을 수 없게 된다. 선어록은 이런 모순되고 기상천외한 설화로 채워져 있다. 그래서 개념적 정리에 익숙한 두뇌로는 도저히 이해할 수 없는 일들이 선으로 이해되기 쉽다. 어떤 선사는 고양이를 들고 제자들로 하여금 적절한 선적 대답을 못하면 이 고양이를 죽이겠다고 해놓고 대답이 없자 고양이를 실지로 죽이고 말았다. 도대체 그 깨달았다고 내뱉은 말 한마디가 얼마나 중요하기에 생명을 가차 없이 죽이는가? 동물애호가들이나 생명운동가들이 보면 기절초풍할 일이다. '동산이 물위를 징검징검 건너간다' 따위의 표현도 아무렇지도 않게 사용된다. 부처를 만나면 부처를 죽이고 부모를 만나면 부모를 죽이라고 하는 말도 그 깊은 뜻을 이해하기 전에는 상식적으로 받아들이기 곤란한 말이다. 선불교의 난해성은 하이데거의 난해성과는 또 다른 어려움이다.

1. 미혹-적멸-적-조

청송은 「선의 존재론적 구명」과 「해동조계종의 연원 및 그 조류」의 일부를 합쳐서 『선의 세계』라는 단행본으로 발간함에(1971) 즈음하여 책 전체의 해설을 겸한 총론을 새 원고로 추가하였다. 그것이 『선의 세계』 맨 앞에 있는 총론, 즉 '산도 그 산이요 물도 그 물이다'(미혹의 세계) — '산도 없고 물도 없다'(적멸의 세계) — '산도 그 산이요 물도 그 물이다'(적-조의 세계)이다. 이것은 청원 유신靑原惟信선사의 설법에 있는 유명한 3단의 세계관을 소개하면서 선불교에 대한 청송 자신의 사유를 개진한 것이다. 첫 번째 미혹의 단계에 청송은 상식적 견해와 과학적 세계를 배치하고, 두 번째 적멸의 단계에서 인공人空과 법공法空 및 무념〔空空慧〕을 거시擧示하며, 마지막 적寂-조照의 단계에서 깨닫고 돌아온 현실적 세계의 면모를 자세하게 논하고 있다.

상식은 만유가 초월적으로 실재한다고 믿는 중생들의 무비판적 사유가 갖는 세계에 대한 믿음이고 과학은 사물을 대상화해서 표상하는 태도인데, 이 양자에 공통하는 것은 우리의 사유가 대경을 반연하는 것으로서 능-소대립을 짓고 그것으로 세계를 형성한다는 것이다. 불교의 입장에서 보면 그것은 미혹이다. 불교는 대상은 말할 것도 없고 나 자신도 공하다고 보는 사유이기 때문이다.

두 번째 단계 '산도 없고 물도 없다'는 그냥 첫 번째 단계를 부정한 것이 아니라 불교의 고유한 세계관이다. 불교는 그 초창기부터 세상을 허망한 것으로 여겨오고 있다. 대상적 사물[法]과 나[我]가 실재한다고 믿는 것은 마치 눈에 병든 사람이 공중에 꽃을 보는 것[空中幻華]과 같다. 사물이 공空할 뿐 아니라 나의 존재도 공하다고 보는 것이다. 이것은 사물이나 내가 없다는 뜻이 아니라 그것들이 실재한다고 믿는 것이 환화를 보는 것과 같다는 것이다. 그런 모든 것은 우리 의식의 산물에 불과한 일종의 환幻이다. "그러므로 미혹의 세계를 벗어나려면 무엇보다도 대상적 파악의 주객[能所]적 태도를 다 버리는 무념無念에 들어서야 한다."[40] 그것을 공공혜空空慧라고 한다.

마지막 세 번째 단계 '산도 그 산이요 물도 그 물이다'는 도를 얻고 나서 보는 현실세계이다. 그 세계를 청송은 하이데거의 용어를 빌어 존재현전이라고 하고, 무심의無心意의 직용직행直用直行이라고도 한다. 도를 깨쳤다고 해서 세상이 바뀌는 것이 아니라 세상에 임하는 자세, 우리의 의식이 바뀌는 것이다.

깨달음의 세계를 청송은 적-조현전의 현행이라고 한다. "적寂은

----

40 『선의 세계』, 37쪽.

인간주관에 의하여 표상된 대상 세계〔對境〕의 단멸을 뜻한다. … 이 심연상의 단제가 곧 무념의 심경이요 적의 세계이다."⁴¹ 무념이란 대상을 지향하는 능소, 주객 대립 의식의 지양을 의미할 뿐 의식의 단절이나 세계의 무화가 아니다. 청송은 규봉 종밀圭峯宗密의 말을 인용하여 "생멸이 멸진滅盡해 버린 뒤에 적-조가 현전한다〔生滅滅已 寂照現前〕", 즉 능소대립의 의식이 다 사라져버리면 곧 적조가 현전한다고 한다. 적조가 현전하도록 하는 의식이 뒤에서 소개할 단지이이但知而已, 다만 앎일 뿐인 앎, 직용직행의 앎이다. 직용직행이란 어떤 일에 열중하여 있을 때 일과 일을 수행하는 내가 따로 의식되지 않는 상태를 말한다. 예컨대 타자에 능숙한 사람이 국회에서 속기사로 일한다면 그가 일하는 중에 속기하는 자기와 속기라는 일이 분리되지 않고 주객이 일치한다. 그때 속기의 대상에 대한 의식은 따로 없다. 우리의 구체적 삶이란 머뭇거림이 없는 그런 직용직행의 삶이다. 주객의 양자가 미분상태에 있는 것을 말한다. 그러기 위해서는 모든 것에 익숙해 있어야 하고 대상화해서 그 소종래를 밝혀야 할 걱정거리가 없어야 한다.

직용직행의 세계에서는 모든 것은 평등하다. 모든 존재자를 있는 그대로, 긴 것은 긴 대로, 짧은 것은 짧은 대로, 높은 것은 높은 대로, 낮은 것은 낮은 대로 인위를 가하거나 높고 낮은 것에 집착하지 않고 있는 그대로 두는 것이 일제평등이다. 달리는 짐승 보고 날지 못한다고 꾸중하면 무슨 의미가 있는가? 새는 새로서 살고 짐승은 짐승으로서 사는 것이 평등이다. 구름이 무심하게 산봉우리에 피어오르듯이 아무

---

41 같은 책, 44쪽.

런 의도나 분별없이 다만 보고 다만 듣고 하는 것을 일러 일제평등이라 한다. 그 경지에서 비로소 조체독립照體獨立할 수 있다.

그 세계는 우리가 사는 현실세계이다. 깨달았다고 해서 다른 세상에 가는 것이 아니라 바로 이 현실세계로 돌아오는 것이다. 규봉 종밀은 "속세에 들어서는 것〔立得世間〕이 다시없는 해탈의 경계〔出世無餘〕"라 고 했다.[42] 여기가 본지풍광이다. 그러나 거기는 상식이나 과학으로 따지고 논리를 세워서 설명되는 세계가 아닌, 그래서 그것을 기준으로 해서 보면 뒤집혀진 세계이다. 역대의 고승들이 기상천외의 담화로 묻고 화답하는 대화의 장이 거기다. 그들에게는 그곳은 실참실오實參實 悟해서 자증자득自證自得해야 하는 곳이기도 하다.

깨치되 깨친 것이 없고 새로 얻은 것이 없는 것〔無證無得〕이 진실로 미오迷悟의 차별상을 여의는 것이요, 이것이 유위有爲 변천變遷의 생멸상(……)을 벗어나는 것이다. 즉 유위 생멸 변천하는 미혹의 세계로서의 세간에 살면서, 그러나 유위 변천의 생멸상으로서의 대경(대상)의 유무와 진위 차별에 집착하지 않고 따라서 그것들에 의하여 거리낌 없이 무애자재하는 것이 출세간, 즉 해탈의 의미이다. 그러므로 입득세간이 곧 출세간법이라고 할 수 있는 것이다.[43]

초기불교에서 해탈은 온갖 번뇌를 제거하고 번뇌가 소멸한 경지를 의미했으나 대승불교에서 해탈이란 미혹迷惑에서 벗어난 상태로 이해

---

42 같은 책, 76쪽에서 재인용.
43 같은 책, 77쪽.

되었다. 아니 해탈(득도)이란 도대체 미혹이니 깨달음[迷悟]이니 하는
것 자체를 벗어난 것을 의미한다. 청송이 말하는 해탈은 바로 이런
의식상태를 가리킨다. 그래서 세존께서 음淫·노怒·치癡를 떠나는 것이
해탈이라고 설법했지만 이것은 자기 딴에 깨달았다고 증득한 진리에
집착하는 사람을 깨우치게 하기 위해 한 말씀이고, 순경과 역경에
구애됨이 없고 또 깨친 바가 있더라도 미오의 차별상에 집념하지 않는
사람이 있다면 그 때엔 세존께서 '본질적으로 말하자면 음노치의 현행
이 곧 해탈'이라고 설법하실 것이라고 천녀天女는 말한다. 대승적 해탈
은 미오에 구애받지 않고 중생과 더불어 이 현실 속에서 직용직행하는
것이다. 그래서 청송은 이 현실 속의 삶인 우수사려가 왜 없어야 하느냐
고 외친다. 현실에 대한 절대긍정이다. 지금 이 세상 말고 또 다른
세상이 이후에 있을 것이라고 하는 것이야말로 미혹이다.

2. 어째서 대상 지향적 의식이 미혹의 근원인가?

청송철학이 구체적으로 기술되어 있는 것은 「선의 존재론적 구명」이
다. 청송이 도달하고자 하는 경지는 심연상心緣相, 즉 표상된 관념체로
서의 대상인식을 지양하고 사물 자체가 그대로 제 모습을 드러내는
거기, 즉 존재 현전성을 보려는 데 있다. 심연상이란 우리의 의식이
우리 앞에 있는 것을 대상화하고 그것을 마음속에 표상하여 개념화하는
것을 말한다. 우리의 의식은 대상을 지향하는 본성을 가지고 있는데
불교에서는 대상을 대경對境이라 하고 이 대경을 지향하는 것을 반연攀
緣이라고 한다. 이렇게 마음이 대상에 기대서 상을 만드는(표상하는)

것 또는 그렇게 만들어진 상을 심연상이라고 한다. 대상을 지향하는 의식이 대상을 표상하고 지각하고 판단하고 의욕하고 평가한다. 이 모든 것은 의식의 표상화작용의 산물이거니와 이 심연상을 청송은 은폐의 근원이라고 한다. 어째서 대상 지향적 의식이 은폐의 근원인가?

먼저 이 논문을 일별할 필요가 있다. 이 논문의 서론은 '은폐와 현전'이다. 이것은 은폐와 현전의 입장에서 이 논문을 서술하겠다는 의중을 표현하고 있다. 은폐는 「선의 존재론적 구명」의 전편 현상학적 구명의 과제이고, 현전은 그 후편 존재론적 구명의 주제이다.

이 논문을 한마디로 말하면 영가 현각(永嘉玄覺, 665~713)이 지은 『선종영가집禪宗永嘉集』 중 특히 제4 사마타송(奢摩他頌, 사마타는 止 또는 定의 의미)에 있는 한 명제를 해명한 것이다. 이를 위해 청송은 동서의 온갖 문건을 동원한 것이다.

현각선사는 6조 혜능慧能을 만나 하룻밤에 깨달았다고 해서 일숙각一宿覺이라고도 한다. 그는 처음 천태학을 배웠으나 선으로 전향한 후 선에 관해 10편의 논문을 서술했는데, 그의 생전에 경주자사 위정魏靜이 편찬한 것이『선종영가집』이다. 이 책은 거기에 송대의 스님 석벽 행정石壁行靖이 주를 붙이고, 조선조 세종시대의 스님인 함허당涵虛堂 득통得通화상이 해설한 설의說誼가 있는 판본이 널리 읽혀져 오고 있다. 본문은 너무 간략하게 서술되어 있어서 행정의 주 없이는 이해할 수 없을 지경이다.

그것을 그냥 이해시킨다는 것은 매우 어려운 일이어서 청송은 서양철학, 특히 후설의 의식현상학을 빌려 저 사마타송의 명제를 해설하고 있다. 그것이 전편, 즉 은폐를 다루는 대목이다. 이 전편의 서술에서 청송이 주로 이용한 후설의 저술은 그의 만년의 저술인『내재적 시간의 식의 현상학 강의』(*Vorlesungen zur Phaenonenologie des inneren Zeitbewustseins*, 1928)이다. 편자는 하이데거로 되어 있다. 이 논문은 하이데거가『존재와 시간』(*Sein und Zeit*, 1927)을 출간하자 후설이 부랴부랴 자기의 옛날 강의안을 하이데거로 하여금『현상학 연보』에 발표하게 한 것이다.『후설전집』(*Husserliana*)은 1966년 제10권으로 이것을 수록되어 있다. 편자 하이데거의 서문에 따르면 이 텍스트는 애초에 1904년과 1905년 겨울학기에 괴팅겐대학에서 행한 주당 4시간 강의의 마지막 부분을 수록한 것이다. 이 텍스트는『현상학 연보』 9호에 발표된 것을 그대로 별쇄본을 만들어 단행본으로 발간하였는데 청송이 인용한 텍스트의 쪽수는 바로 그 별쇄본의 쪽수이다. 그『연보』 9호에는 후설의 이 논문 외에 다른 저자의 논문도 실려 있었다. 그래서 그대로 별쇄한 텍스트는 367쪽에서 시작된다. 페이지마다 이 논문 자체의 쪽수를 기록해 놓았으나 청송은 그것을 인용하지 않고 애초의 『연보』쪽수를 인용하고 있다.『후설전집』제10권에는 1928년의 별쇄 본의 쪽수를 난외에 표시해 놓아서 옛날의 그 쪽수의 위치를 찾아볼 수 있게 했다.

현각의『선종영가집』에서 청송이 해명하려는 명제는 아래와 같다.

앎으로써 사물을 안다면 사물이 있을 때 앎 또한 있다. 만일 앎으로써 앎을 안다면 앎을 아는 것은 사물을 떠나게 된다. (앎이) 사물을 떠나도 앎은 여전히 있다. 앎을 일으켜서 앎을 안다면 뒤의 앎이 생겨날 때 앞의 앎은 이미 사라져서 두 앎이 함께 있을 수 없다.

다만 앞의 앎이 멸한 것만을 알 뿐이어서 멸한 곳이 바로 앎의 대상이 되니 주관과 객관이 모두 참되지 않다. 앞 앎이 사라지면 사라지면서 앎을 이끌고 뒤 앎이 알면서 사라지기를 계속하니 나고 사라지기를 계속하는 것이 곧 윤회의 길이다. / 지금 말하는 앎이란 모름지기 앎이 아는 것이 아니라 다만 앎일 따름이다. 곧 앞으로는 멸하는 것과 이어지지 않고 뒤로는 앎을 이끌어 일으키지 않아 앞뒤 연속이 끊어지고 중간에 홀로 있다. 당체當體를 돌아보지 아니하면 곧 사라질 것이니 지체知體가 이미 사라지면 활연히 허공에 의탁한 것 같으니라.[44]

위 인용문을 일별하면 알 수 있듯이 이 논문의 주제는 지(앎)이다. 원문은 앎〔知〕이라고 되어 있으나 희한하게도 그 내용이 후설의 의식현상학의 의식분석과 일치하여 현대인이 이해하기 쉽게 하기 위해 의식이라고 번역하였다. 앎 대신 생각이라고 해도 무방할 것이다.

인용문 중간에 '/로 표시된 앞부분을 청송은 전편 현상학적 구명으로 하고, 뒷부분을 후편 존재론적 구명으로 하고 있다. 전편은 은폐의 근거를 밝힌 것인데 그것을 후설의 의식현상학으로 설명한다. 후편은 하이데거의 후기 존재론을 활용하고 있다. 서술 중에는 굉장히 많은 선 문헌이 인용되고 있다.

---

44 夫以知知物 物在知亦在 若以知知知 知知則離物 物離猶知在 起知知於知 後知若生時 前知早已滅 二知旣不並 但得前知滅 滅處爲知境 能所俱非眞 前則滅 滅引知 後則知 知續滅 生滅相續 自是輪廻之道 / 今言知者 不須知知 但知而已 則前不接滅 後不引起 前後斷續 中間自孤 當體不顧 應時消滅知體旣已滅 豁然如托空

먼 옛날부터 철학자들은 인간의 본질은 사유, 이성에 있다고 보았다. 중세 스콜라 시대에는 인간의 특색은 의식의 지향성에 있다고 했고, 그 의식의 본질을 지향성(intentio)이라고 했다. 그 이후로 현대에 이르러 가령 사르트르는 사유하지 않는 사물은 즉자적 존재(en soi)라 하고 의식은 대자적 존재(pour soi)라고 했다. 의식은 타자를 향해 나아간다. 그만큼 자기 안에 결손이 생긴다. 그래서 의식을 가진 인간은 결핍적 존재인 것이다. 다시 말하면 인간은 무에 의해 침식당하는 존재라는 것이다.

후설은 스승 브렌타노를 매개로 해서 중세의 용어를 받아들여 의식의 본질을 지향성이라고 했다. 이 말은 의식은 자기 아닌 무엇인가를 향해 자기 밖으로 나아간다는 것이다. 앞에 있는 책상을 생각하면 의식은 이미 책상을 향해 나아가고 있다. 지금-여기에 없는 것을 생각할 경우에도, 즉 실재성이 없는 관념적인 것을 생각할 경우에도 의식은 마찬가지로 그 어떤 것을 향해 나아가고 있다. 무를 생각할 때도 마찬가지이다. 의식의 본질은 따라서 '~을 향해 자기를 벗어남', 즉 '~을 지향함'이다. 이것을 불교에서는 마음이 대경對境을 반연攀緣한다고 한다.

지금 '땡!' 하고 한 소리가 울렸다고 하자. 그 순간의 감각을 토대로 해서 만들어진 음 지각을 후설은 근원인상, 근원감각 또는 근원의식이라고 한다.[45] 땡 하고 울린 음은 응 ~하고 여운을 남긴다. 그리하여

---

[45] 나는 근 40년전에 『시간과 시간의식』이라는 주제 아래 아우구스티누스와 후설의 시간의식을 가지고 박사학위 논문을 썼다. 그것은 소위 객관시간을 의식 속으로 환원한 시간성에 관한 이론이다. 그것은 객관시간의 지양이다. 굳이 말한다면

다음 순간에는 벌써 그 근원인상은 과거로 침퇴하여 의식의 변양
(Modifikation)이 생긴다. 근원인상이란 변양되지 않은 의식이다. 근원
인상이 과거로 침퇴하여 생기는 의식의 변양, 즉 변양된 의식을 파지(把
持, Retention)라고 한다. 그 반대의 방향에 있는 것을 예지(豫持)라고
한다. 즉 근원인상에는 파지와 예지(豫持, Protention)가 따른다. 파지는
더러 근원인상의 꼬리(즉 혜성의 꼬리)로 비유되지만 근원인상은 그
핵에 해당한다. 변양하지 않은 근원인상이 '지금'을 구성하고, 파지가
과거를 구성하는 것이다. 그리고 예지는 미래를 구성한다.

『선종영가집』의 앎에 관한 이론은 의식의 깊은 본질적 측면인 변이
(변양)에 대한 논의가 주를 이루고 있다.

우리의 의식은 단 한 순간도 그 자신으로 머물러 있지 않고 계속해서
변이한다. 먼저 의식이 사물을 지각하는 경우 지각작용과 지각내용이
있기 마련인데 이것을 '사물이 있을 때 앎 또한 있다'고 한 것이다.
앎에는 앎의 대상이 따른다. 앎에는 아는 작용과 알려지는 대상이
있는데 이것을 능能-소所 또는 주-객이라고 할 수 있다.

'만일 앎으로써 앎을 안다면 앎을 아는 것은 사물을 떠나게 된다.
(앎이) 사물을 떠났지만 앎은 여전히 있다〔若以知知 知知則離物 物離
猶知在〕'는 명제는 나의 의식의 시선을 대상적 사물에서부터 의식 내재
적 영역, 즉 의식류로 전향한 경우이다. 앎으로써 앎을 안다는 것은
의식이 의식을 의식하는 것, 즉 반성을 가리킨다. 반성하는 의식은

___

주관적 시간, 의식의 시간성이다.

사물을 의식하는 것이 아니라 의식을 의식한다. 그래서 사물을 떠났다고 하는 것이다. 반성은 의식이 의식 자신을 지향하는 것인데 흔히 반절의식이라고 하거니와, 그때는 우리의 의식은 사물을 떠났으되 의식은 여전히 지향성으로서 작용하고 있다. 대상은 바뀌어도 의식작용 자체는 지금 점에서 작용하고 있다.

'앎을 일으켜서 앎을 안다면, 즉 반성을 통해 의식이 의식을 아는 경우, 다시 말하면 반성작용과 그 작용 속에서 알려지는 의식을 나누면 뒤의 앎(알려지는 의식)이 생겨날 때 앞의 앎(반성하는 의식)은 이미 사라져서 없으니 두 앎이 함께 나란히 있을 수 없다.〔起知知於知 後知若生時 前知早己滅 二知旣不並〕' 의식이 반성을 통해 의식 자신을 아는 경우 알려지는 의식(의식객관)이 일어날 때는 이미 아는 의식(작용하는 의식), 즉 앞 의식은 이미 사라져서 앞뒤의 두 의식이 나란히 있지 않다는 것이다. 의식의 지향작용이 의식 자신을 지향할 때, 즉 반성의 경우 작용에 대응해서 알려지는 의식객관이 등장하면 작용의 측면은 뒤로 물러나서 작용하는 의식과 의식객관이 동시에 병존할 수는 없다. 후설식으로 표현하면 노에마와 노에시스는 다 같이 나란히 병존할 수 없다는 것이다. 『영가집』의 표현으로는 작용의 측면이 사라진다(멸한다)고 되어 있으나 사실은 뒤로 물러나 있는 것이지 사라져 없어지는 것이 아니다. 말하자면 반성의 대상이 되어 지각의 현장에는 없다는 것이다.

다만 앞의 앎이 멸한 것만을 알 뿐이어서 멸한 곳이 바로 앎의 대상이 되니 주관과 객관이 모두 참되지 않다.(但得前知滅 滅處爲知境 能所俱非眞) 이상을 요약하면 앞 의식이 멸하면 멸한 곳이 곧 의식의 대경(대상)

이 되니 능-소가 다 참이 아니다. 멸했다고 하는 앞의 의식은 그 멸한 곳에서 작용의 대상(경계)이 되어 이 양자는 작용과 대상, 즉 능-소가 되는데 이 양자는 다 참이 아니다.

문제는 의식의 능-소, 즉 의식이 주관과 객관으로 분열되면 주객이 다 참이 아니라는 데 있다. 이것을 증명하기 위해 청송은 바로 그 명제에 대한 행정의 주에 주목한다. 행정은 "앞 앎이 멸하면서 뒤의 앎을 이끌어오고, 뒤 앎이 생기면서 앞에 멸한 것을 이으니, 나고 멸하는 것(생멸)이 끊이지 않으면 이것이 곧 윤회니라"고 하면서, "원각경에 말하길, 생각과 생각이 서로 이어져 왕복하면서 가지가지로 취하고 버리는 것, 이 모두가 윤회니라(圓覺云 念念相續 循環往復 種種取捨 ~ 皆是輪廻)"고 『원각경』의 명제를 지시한다. 여기에 힌트를 받은 청송은 『원각경』에 주목한다.

『원각경』에는 "순환왕복循環往復 종종취사種種取捨 ~ 개시윤회皆是輪廻" 앞에 "일체세계가 시작하고 끝나고 생겨나고 사라지며, 앞서고 뒤지고, 있고 없으며, 모이고 흩어지고, 일어나고 멈춤이 …… 이 모두가 윤회니라〔一切世界 始終生滅 前後有無 聚散起止…〕"로 되어 있다. 저 앞에 인용한 『영가집』에 보이는 행정의 주와 여기서 보이는 『원각경』 사이에는 약간의 차이가 있다. 즉 행정의 주에는 "앞생각이 사라지면서 뒤의 앎을 이끌고 뒷생각이 나서는 앞생각의 사라짐을 이으니 낳고 사라짐이 끊이지 않으니 이것이 곧 윤회니라〔前念滅而引後知 後念生而續前滅 生滅不斷 則是輪廻〕"로 되어 있고, 『원각경』에는 "일체세계一切世界 시종생멸始終生滅 전후유무前後有無 취산기지聚散起止"로 되어 있다.

『원각경』에서 말하는 시종생멸始終生滅은 정각세간正覺世間, 전후유무전후유무無前後有無는 유정세간有情世間, 취산기지聚散起止는 기계세간器界世間을 의미하니 일체세계는 이 모두를 포함한다. 그리하여 청송은 '염념상속念念相續 순환왕복循環往復 종종취사種種取捨'의 대상을 일체세계로 보아 이 일체세계에 대한 생각들의 끊임없음이 『영가집』에서는 "전념멸이인후지前念滅而引後知 후념생이속전멸後念生而續前滅 생멸부단生滅不斷"으로 표현되었다고 본다. 의식이 나고 사라지기를 반복하는 것이 윤회의 근원이라는 것이다.

그리하여 청송은 "그러므로 경문의 뜻은 이 일체의 세계, 즉 삼종세간이 시종생멸始終生滅하며 전후유무前後有無하며 취산기지聚散起止하여 찰나찰나 끊임없이 흘러가고〔遷流不斷〕 일체가 생-멸, 생-사, 성-괴 사이에 순환왕복하여 윤회의 상을 나타내는 것은, 다 사파를 싫어하고 극락을 즐겨하는 종종취사種種取捨의 전도망상에서 오는 것이라는 말이다."[46]고 결론짓는다. 의식이 능소(주-객)로 분열되는 것이 윤회라고 하는 것을 증명하기 위해 청송은 『원각경』에서 말하는 삼종세간이라는 우회로를 이용한 것이다.

3. 윤회는 어디에서 오는가?

윤회란 육도윤회라는 성어에서도 알 수 있듯이 인간이 죽으면 천상·인간·축생·수라·아귀·지옥의 육취六趣를 돌면서 환생한다는 것이다. 여섯 세계 중 어디에서 다시 태어나느냐 하는 것은 현세에서 닦은

---

46 『선의 세계』, 146~147.

덕에 따라 결정된다. 이것은 힌두교의 세계관을 불교가 답습해서 생긴 교리라고 여겨지지만 천당을 기리고 지옥을 기피하는 것은 일반 사람의 상정이다. 이것을 이용해서 불교에서는 사람들로 하여금 악행을 하지 않고 선행을 하도록 권장하고 있다. 육도윤회는 이를 위한 방편일 뿐 실지로 있는 것은 아니다. 불교의 교리로 보면 있을 수도 없다. 그럼에도 대중의 의식 속에 이 윤회사상은 깊이 뿌리박혀 있어서 악행을 함부로 못하도록 하고 있다.

여기서 우리가 주목해야 할 것은 있지도 않은 사후세계가 어찌하여 있는 것처럼 정립되느냐 하는 것이다. 본디 의식현상학에서 초월적 세계를 지향하던 의식을 내재적 세계로 환원하는 것은 전자가 불투명하고 불명료하기 때문에 그것의 형상을 명료히 하기 위한 수순이었다. 이것을 형상적 환원이라고 한다. 다시 말하면 초월적 세계와 그것을 의식 속으로 환원해서 본 내재적 세계는 서로 1대 1로 대응하는 것이지 환원했다고 해서 별도의 또 다른 세계가 열리는 것은 아니다. 더 정확하게 말하면 초월적 대상은 내재적 객체의 투영이라고 말할 수 있다. 이것을 가리켜서 인식론상 모사설이라고 한다.

앞에서 우리는 의식의 파지변양을 소개한 바 있다. 파지변양은 한 객체의 단일성을 구성하기도 한다. 한 음이 t1, t2, t3로 변양하면서 멜로디를 구성하는 것이 그렇다. 이것은 파지변양에 의한 의식의 단일성의 구성 때문이다. 파지변양을 청송은 반연심攀緣心의 소산이라고 한다. 파지변양은 내재적 객체를 구성하지만 동시에 이것은 그 내재적 객체를 초월적으로 구성하기에 이른다. 초월적 객체는 내재적 객체의 표현(Darstellung)이기도 하다.

그리하여 청송은 육도윤회라는 망상은 반연심에서 생기는 망상이라고 단정한다. 즉 윤회생사는 망유妄有에 대한 집념에서 오는 것이니 생멸상속이 윤회망상의 근본인 것이다. 반연심이 만든 "능소의 대립이 생멸의 망견妄見이오 망견생멸妄見生滅이 곧 생사윤회이다."[47]

여기에 한 가지 주의할 것이 있다. 청송이 파지변양을 반연심으로 해석하고 그것을 망유의 근원이라고 하는 것은 선불교에 입각한 청송의 해석이지 후설이 파지변양을 망유의 근원이라고 하는 것은 아니다. 후설의 파지변양 이론은 의식의 본질을 밝히기 위한 것일 뿐 망유나 미혹과 관련짓기 위한 것은 결코 아니다.

4. 청송의 존재론

청송의 존재론은 앞에서 언급한 바와 같이,[48] 『선종영가집』 사마타송의 일부, 즉 "지금 말하는 앎이란…〔今言知者…〕"에서부터 그 문단의 끝인 "활연히 허공에 의탁한 것 같으니라〔豁然如托空〕"까지를 해명하면서 천명되고 있다. 이때 이 해명을 위해 도움을 준 것은 하이데거의 후기 존재론 특히 존재 현전성이다.

'지금 말하는 앎이란 단지 앎일 뿐〔但知而已〕'이라고 한 것은 파지의식이 아닌 의식, 즉 앞생각과 접하지 않고 뒷생각도 일으키지 않는, 말하자면 앞뒤가 끊긴 채 중간에 고립된 생각을 가리킨다. 앞뒤로

---

47 같은 책, 169쪽
48 이 책 129쪽.

끊어져서 중간에 고립되어 있으니 허공에 매달린 것 같다고 한 것이다. 앞으로 잇는 것이 없다는 점에서는 마치 잠에서 깨어났을 때 맨 처음의 생각이 비슷한 것일 수 있으나 뒤로 새 생각을 일으킬 수 있으니 그것도 적당한 예가 될 수 없다. 앞생각과 접하지 않고 뒤로 생각을 일으키지 않는 의식은 후설의 의식분석에서 말하는 순수한 의식작용의 현행, 즉 '정지한 지금(nunc stans)'이라고 하는 익명적 주관성이라고나 할까? 그러나 후설의 '정지한 지금'은 의식의 순수한 작용현재이지 거기에서 존재의 개현을 말할 수 있는 것은 아니다. 적어도 후설은 그것을 가지고 존재의 현전성을 말하지는 않는다.

청송은 『선종영가집』 사마타송 제4 행정의 주에 있는 명제 "티끌이 있으면 생각도 있다〔塵在念在〕"를 이용하면서 이 명제는 그 반대, 즉 "생각이 있으면 티끌도 있다"도 함축할 것이라고 보았다. 이것은 "무릇 생각이란 대상을 잊지 않으면 그치지 않고, 대상은 생각이 그치지 않으면 잊혀질 수가 없다〔未念非忘塵而不息. 塵非息念而不妄〕"를 의미한다. 그런데 이 명제는 "대상이 잊혀지는 것은 생각이 그쳐서 잊혀지고, 생각이 그치는 것은 대상이 잊혀져서 그친다〔塵妄則息念而妄 念息則妄 塵而息〕"는 것을 가리킨다. 대상은 생각이 그치면 잊혀지고, 생각은 대상을 잊으면 그친다. 생각하지 않으면 대상이 잊혀지고 대상도 생각이 그치면 잊혀진다는 것이다. 이것은 요컨대 "두 길이 이미 사라지니 하나의 본성이 고요하다〔二途己泯 一性寂然〕"를 함축한다. 두 길이란 생각 멎음=대상 망각, 대상 망각=생각 멎음, 다시 말하면 주-객, 즉 능-소를 가리킨다. 이 두 길이 이미 사라지면, 즉 앎의 앞과 뒤가 끊어지면 본성이 고요하다는 것이다. 사실 우리의 통상적 사유에서는 그런 의식은 찾아보기 쉽지 않다. 그러나 선불교에서는 바로 거기를 겨냥한다. 대상화되지 않은 본연의 존재 현전성을 보기 위해서이다. 하이데거는 거기를 볼 수 있는 예견자를 '나간 자(광인)'이라고 한다.[49]

선불교에서는 밖으로 대상을 여의는 것은 선禪이고 안으로 생각을 그치는 것을 정定이라 한다. 선정禪定을 삼매三昧, 즉 사마티(三摩地 또는 奢摩他)라고 번역하기도 한다. 혹은 이것을 요가(yoga, 瑜伽)라고 옮기기도 한다. 이 선정이 다름아닌 적조현전寂照現前, 고요한 가운데 존재를 현전시킨다고 한다. 달리 말하면 선정이 곧 두 길이 사라진 사유라고 보는 것이다. 청송에 따르면

> 철학적으로 적寂은 무엇보다도 표상적 사유를 단절하는 것이다. 표상적 사유란 현전하는 사물을 대상화하여 표상형태인 관념적 상〔心緣相〕으로 만드는 것이다. 우리가 좋아하고 미워하는 마음을 가지고 대상을 보게 되면 거기에 동시에 대상이 좋은 것과 미운 것으로 구분되는 분별이 생긴다. 이와 동시에 필연적으로 주관과 객관이 분열하여 서로 대항해서 마주서게(gegen-stehen) 된다. 이 대립에서 대상화가 일어나고 그 대상화와 함께 의식 속에 상〔表象體〕이 만들어지는데 이것이 대상(Gegenstand)이다. 사물은 이렇게 표상화되기 이전에 이미 현전해 있다.[50]

적조의 앎이란 이 현전사물을 있는 그대로 보는 것이다. 이것이

---

49 이 책 158쪽.

50 졸저 『시간의 철학적 성찰』, 679쪽

견성見性이다. 견성은 "… 존재 전체의 현전성으로서 적寂에서의 존재편조存在遍照를 말한다.[51] 견성에 의해 온 누리가 조파照破된다. 누구나 무명을 영원히 끊으면 금방 불도를 이룬다고 한다.

그런데 문제는 그런 사유가 순간적인 것이 아니라 늘 일관해야 한다는 데 있다. 인도와 동양 3국에서는 이런 사유 훈련을 참선이라고 한다. 이 참선을 위해 선사들은 토굴 속에 틀어박혀 그런 사유를 연마하기도 한다. 선사들이 상식으로는 이해하기 어려운 대화를 하거나 엉뚱한 말을 하는 것은 그 경지에서 하는 것이리라.

「선의 존재론적 구명」후편은 이 적조현전寂照現前을 많은 선적과 하이데거의 존재론에 의거해서 상론하면서 그 풍경을 보여주고 있다. 가장 두드러지게 문제되는 것은 그 경지를 어떻게 언어로 담아내느냐 하는 것이다. 청송도 "언어의 길은 끊어지고 마음의 작용자리가 사라졌다〔言語道斷 心行處滅〕"는 명제를 인용하고 있다.[52] 그래서 선에서는 자주 시적 표현과 역설, 반어反語, 비유, 상징 등을 이용하기도 하고 더러는 '동산이 물 위를 징검징검 걸어간다〔東山水上行〕'든가 '우물이 노새를 본다〔井覷驢〕' 따위 상식이 미치지 못하는 언어를 구사하기도 한다. 물이 흘러가는 게 아니라 다리가 흘러간다고도 한다. 이것은 배에 타고 흘러가면서 강 언덕을 바라보노라면 배가 흘러가는 게 아니라 강 언덕이 뒤로 물러나는 것 같은 착각을 정당화하는 것이 아니라

---

51 『선의 세계』, 180~191쪽 참조.
52 같은 책, 178쪽.

사태를 그렇게 표현한 것이다. 일상적 상식을 깨트리고 진상을 보여주려는 의도로 하는 표현양식이다.

여기에서 가장 중요한 것은 앞뒤로 두 길이 끊긴 생각을 어떻게 찾느냐 하는 것이다. 이를 위해 청송은 『금강경』 장엄불토분莊嚴佛土分 제10에 있는 명제, 즉

> 그러므로 수보리야, 여러 보살마하살은 이와 같이 청정한 마음을 내야 한다. 마땅히 색에 머무르지 않고 마음을 내며, 마땅히 성향미촉법聲香味觸法에 머무르지 않고 마음을 내야 하나니, 마땅히 머무르는 바가 없이 그 마음을 내야 하느니라.[53]

와 이상적멸분離相寂滅分 제14에 있는 명제

> 마땅히 색에 머물러 마음을 내어서는 아니 되고, 성향미촉법에 머물러 마음을 내서도 아니 되며, 마땅히 머무르는 바가 없는 마음을 내야 한다.[54]

에 보이는 말 "머무르는 바가 없는 마음〔無所住心〕"에 주목한다. 여기서 말하는 머무름은 주착, 집착을 가리킨다. 객관적 대상에 집착하는 것은 불교에서는 가장 경계해야 하는 것이다. 그것이 모든 비진리(윤회)

---

53 是故 須菩提 諸菩薩摩訶薩 應如是生淸淨心 不應住色生心 不應住聲香味觸法生心 應無所住 而生其心

54 不應住色生心 不應住不應住聲香味觸法生心 應生無所住心

의 근원인 것이다. 위 명제는 대상에 주착함이 없는 마음을 내야 한다는 뜻이다. 그래서 선불교에서는 부처를 만나면 부처를 죽이고 부모를 만나면 부모를 죽이라는 극단적 표현을 쓰는데 이것은 대상화를 지양하라는 것이다. 즉 대상을 지향하는 생각이 일어나면 그 생각을 당장 없애버리라는 것이다.

그러나 대상에 대한 집착을 지양하는 것만으로는 아직 부족하다. 안으로 마음에 집착하는 길도 지양해야 한다. 그것은 반성의식을 끊는 것이다. 반성은 대상을 의식 안으로 끌어들인 것이다. 게다가 반성은 나를 머뭇거리게 한다. 머뭇거림은 사태와 사실을 여러 개로 보이게도 하고 헛보이게도 한다. 선은 직용직행直用直行설에 그 본질이 있다. 그것이 곧 존재의 편조의 표현이기 때문이다.

'앞생각과 접하지 않고 뒤의 생각을 이끌지도 않아 전후가 끊어져서 중간에 고립되어 있는 생각', 즉 '다만 앎일 뿐인 앎'이라고 하는 마음은 '머무르는 바가 없는 마음' 바로 그 마음이다. 대상에 대한 집착을 지양한다고 해서 대상 자체가 없어지는 것도 아니고 반성의식을 접는다고 해서 자기가 없어지는 것도 아니다. 대상에 대한 집착과 반성에 따르는 머뭇거림이 없이 우리의 마음을 마치 투명한 거울처럼 비워두어서 산이 오면 산을 비추고 달이 뜨면 달을 비추며 오랑캐가 오면 오랑캐를 비추듯이, 그렇게 맑고 투명하게 유지하는 것이 집착함이 없이 머무르는 마음, 즉 삼매경의 마음이요 선의 마음이다. 존재의 편조란 그런 마음에 온 누리가 밝게 비쳐지는 것을 가리킨다. 그런 의식을 무주이주無住而住라고 한다. 앞의 주住는 주착의 주, 즉 집착에 머무르는 주이고, 뒤의 주는 그런 집착함이 없는 마음에 머문다는 것이다. 이것을 머무르는 바 없이 머무르면서 그 마음을 낸다〔住無所住 而生其心〕라고 한다. 그것이 무념이다. 청송은 그 무념의 사유를 본질적 사유로서의 무연상지無緣常智라 하고 거기에서의 존재의 현전성, 즉 비표상적 대상의 현전을 무상상경無相常境이라 한다. "상지常智는 대경을 지향하지 않는 지요, 상경은 대상으로서의 심연상이 전혀 없는 경계이므로 주-객 대립의 의식 속에서 생멸하는 심연상으로서의 대상 일체가 진멸盡滅한 곳"[55]이라고 한다.

"『금광명경金光明經』에서는 이를 '오히려 허공과 같아서 사물에 응하여 그 형태를 나타내니 마치 물속의 달과 같다〔猶如虛空 應物現形 如水中月〕'고 하고, 『임제록臨濟錄』에서는 전후제前後際가 단절된 거기에서 '만반을 조촉한다〔照燭萬般〕'고 한다."[56]

> 이것은 생멸하는 의식이 진멸盡滅하면 적조寂照가 현전한다는 것, 다시 말하면 무념의 일념에서 만상이 현전한다는 것이다. 그리하여 전후단속前後斷續 중간자고中間自孤는 생멸멸이生滅滅已 적조현전 寂照現前인 것이다.[57]

그런 마음을 무심無心이라고도 하거니와 그 마음은 언제나 직용직행 直用直行하는 현행現行으로 있다. 『채근담』에 이런 명제가 있다. "바람

---

55 같은 책, 62쪽.
56 같은 책, 689쪽.
57 같은 책, 690쪽.

이 성근 대숲에 불매 바람 지나면 대숲은 그 소리를 지니지 않고 기러기
가 찬 연못을 지나매 기러기 지나고 나면 연못은 그 그림자 남기지
않는다. 그러므로 군자는 일이 생기면 비로소 마음에 나타나고 일이
지나고 나면 마음도 따라서 비운다.〔風來疎竹 風過而竹不留聲 雁渡寒潭
雁去而潭不留影 故君子 事來而心始現 事去而心隨空〕" 그런 무심을 무념無
念이라고도 한다. 또 "대나무 그림자가 뜰을 쓸지만 티끌 하나 일지
않고 달빛이 바닷물을 뚫고 들어가도 물은 흔적 하나 남기지 않는다〔竹
影掃階塵不動 月光穿海水無痕〕"라는, 같은 뜻을 가진 시구절도 있다.
이 무념의 일념에서 볼 때 긴 것은 길게 보이고, 짧은 것은 짧게 보이며,
악한 것은 악하게 보이고, 선한 것은 선하게 보인다. 있는 그대로의
존재세계가 곧 평등한 세계이다. 평등이란 긴 것은 자르고 짧은 것은
느려서 모조리 똑같게 하는 것이 아니라 본디 있는 그대로 두는 것이다.
주착이나 집착이 없이 머무르는 상태를 중국의 선적은 다양하게 기록하
고 있다. 역대 선사들의 어록이나 화두話頭 모음, 그 역사적 기록들을
집성한 전적들(『벽암록』, 『종용록』, 『무문관』, 『경덕전등록』, 『종경록』
등)은 모두 그런 것들이다.

그러면서 청송은 적조현전寂照現前의 적寂이 의식의 혼주昏住가 아니
라 조照라고 한다. 그 예로 청송은 하이데거가 무(Nichts) 개념을 해명함
에 있어 그것이 허무가 아니라 존재가 드러나는 조명(Lichtung)이라고
한 것을 환기하고 있다. "현존재는 '무를 간직하고 있는 장소(Platzhalter
des Nichts)'라고도 한다."[58] 인간이라는 현존재는 개시성으로서 존재가

---

58 같은 책, 240쪽 참조.

드러나는 장(Da)이다. 청송은 불교에서 인간과 사물을 공으로 보지만 그 공이 그냥 허무가 아니라 그것을 넘어서 미혹을 극복하는 일종의 전회점으로 보듯이, 하이데거의 무(Nichts) 개념을 빌려 존재의 현전성을 천명한다. "'현존재란 무 속에 들어서 있음(Ds-sein heisst: Hinein-gehaltenheit in das Nichts)을 가리킨다'는 명제는 인간이 사물과는 절대 타자인 것(Nichts)에게 그것이 들어설 장을 개방하여, 이 장의 공활성(Offenheit)에서 말하자면 현-존재 같은 것이 현전하도록 하는 것을 의미한다."⁵⁹ 현존재가 무 속에 들어서 있음을 방하 또는 방신명(放身命, Gelassenheit)이라고 한다. 이것은 우리가 의식적으로 의지해서 하는 것이 아닌 '비의지非意志의 의지'이기도 하다. 현존재는 근본적으로 무를 통해 존재를 현전케 하는 존재자이다. 거기가 현존재의 현(Da)이다. 현존재의 현(Da)에서 존재는 현전한다. 그래서 청송은 "주무소주住無所住를 하이데거의 '명명-공空'으로서의 Da-sein의 Da에서의 존재의 현전"으로 이해하고자 한다.⁶⁰ 이 방하를 청송은 또 종용자재(從容自在, 靜寂)라고도 한다. 이것은 평상심이다.

그러나 본질적 사유로서의 현전성은 원래부터 부처와 중생이 다 같이 지니고 있는 묘명원심(妙明元心=본디부터 묘하게 밝은 마음)의 발현인 고로 하등 새로 얻어진 장엄세계가 아니며 하등 새로 얻어진 출세간적 능력이 아니다. 이것이 바로 『육조법보단경』에서 말하는 부모 미생시未生時의 면목이다. 우리 인간에게 본래적으로 갖추어져

---

59 같은 책, 250쪽; M. Heidegger, *Zur Seinsfrage*, S. 38
60 같은 책, 251쪽.

있는 심성인 고로 본래면목本來面目 또는 본지풍광이라고 한다. 그러나 본지풍광이 다른 곳에 있는 것이 아니요, 또 본구심성本具心性이라고 한다 해서 의식내재적 현상이 아니다.[61]

평상심(무심)이 바로 그런 사유의 바탕인 것이다. 도를 깨친 사람은 이 평상심으로 돌아오는 것이다. 평상심으로 사는 이 세상은 얼마나 아름다운가? 평상심을 버린 세상살이가 모든 어려움의 근원이다. 그러나 이 세상은 우수사려로 가득 차 있다. 그 우수사려의 세상을 청송은 티끌 하나 버릴 것 없는 세상이라고 절대적으로 긍정한다. 청송이 찾아가는 세상은 바로 이 평상심으로 사는, 우수사려로 가득 찬 세상이다. 그 세상을 청송은 『선의 세계』 서론에서 이렇게 찬미한다.

몇 억 겁 년 동안 몇 생을 거쳐 업인을 쌓고 쌓아야만 이 단 한 번의 생을 향유한다는 것이 아닌가? 인간으로 태어나는 것은 망망한 창해에 눈먼 거북이가 구멍 뚫린 통나무를 얻어 걸리는 것보다 더 희한한 인연이라고 한다. 아! 인생은 그 얼마나 아름답기에 이처럼 회한하고 단명한가? / 그러나 인간의 생은 우수사려에 꽉 차 있다. 회자정리 ─ 만나는 것도 삽시간, 떠나야 하는 것이 해후의 운명이요, 삶은 죽음의 서곡이 아닌가? 이별 없는 해후는 지루한 시간이요, 죽음 없는 생은 조화와 같이 싸늘하다. …… 엎치락뒤치락 일장의 성패는 인생에서 연출되는 희비의 쌍주곡이다. 성공은 잠깐 동안의 기쁨이요, 실패는 일생을 통하여 깊은 상처를 남긴다. /

---

61 같은 책, 270쪽.

또 기쁨과 슬픔은 심리현상일 뿐만 아니라 생리조직과도 동조한다. 기쁨은 안면근육의 주름살을 펴주며 식어가는 심장의 고동을 고무시켜주고, 장탄식의 긴 한숨은 긴장된 근육을 풀어주며 폐휴된 기식을 배출시킨다. / 회비는 이렇게 음율적 운동일 뿐만 아니라 색채의 농담이기도 하다. 기쁨은 새벽녘 먼동 트는 하늘의 은빛이요, 슬픔은 뉘엿뉘엿 해질 무렵 지평선의 땅거미이다. 여명과 석양은 숫제 성패에 시달리는 인생희비의 뉘앙스를 그리기 위하여 마련된 것인 듯싶다. 아침과 저녁의 교체, 해와 달의 왕래는 만일 인생의 회비가 없었던들 정지하고 말았을 것이다. … / … 천재일우의 인연으로 해서 맺어졌기 때문에 인생은 이처럼 아름다운 것일까? … / … 회비협주의 인생극 — 이 우수사려의 무대 이외에 또 다시 무슨 아름다운 세상이 있다는 말인가? / 왜 우수사려를 버려야 하는가?[62]

너무 길게 인용한 것을 탓할 수도 있겠으나 이 서론의 문장은 서울대학교 대학입시의 논설시험에도 나온 적이 있는 아름다운 명문이다. 평상심으로 사는 세상을 청송은 저렇게 찬미하거니와 그 평상심이야말로 연잎에 구르는 아침 이슬이라고 한다. 이거야말로 천의무봉이라고 말할 수 있음직 하지 않은가? 이왕 우수사려를 찬양하는 말이 나온 김에 한마디 더 덧붙여 보자.

해와 달이 번갈아서 떠올랐다가는 지고 드높은 산, 기나긴 강, 끝없이 넓은 바다가 가없는가 하면, 봄철엔 따스한 햇볕, 여름이 되면 작열하

---

62 같은 책, 서론 11쪽.

는 태양, 가을엔 풋대추, 밭이랑 과일들이 익어가고 겨울엔 고요한
온 누리에 함박눈이 펄펄 날리고, 비는 비대로 바람은 바람대로,
그 속에서 사람들은 분주하게 잘 살아보겠다고 우왕좌왕, 정의와
행복만이 계속되는 것은 아니지만, 미움과 슬픔 ― 이 간간한 맛이
없고서는 세상 살 맛이 덤덤하다.
악은 정의가 무엇인가를 판가름하기 위해서 우정 있는 것이다.
슬픔이 없어보라! 그 어디에서 기쁨을 발견할 것인가?[63]

우수사려를 사랑하는 것과 슬픔조차도 기쁨을 돋보이기 위해 필요한
것이라고 하는 이 대담한 현실긍정을 우리는 청송을 제쳐 놓고서 다른
곳에서는 발견할 수 없다.

우리는 앞(10)에서 미혹 ― 적 멸 ― 적-조에 대해 기술한 바 있다.
산은 산이라고 할 때의 산은 하늘을 향해 높이 솟은 바위덩어리를
가리킨다. 그것은 능소와 주객으로 분별되는, 즉 대상으로 표상되는
산이다. 우리는 그것을 일반명사로서의 산이라고 한다. 그러나 그런
대상을 반연하는 사유는 모두 환이라고 한다. 즉 공이라는 것이다.
이 경지를 넘어서 득도의 경지에 오면 다시 "산은 다만 그 산이요
물은 다만 그 물이다〔見山祇是山 見水祇是水〕"라고 한다. 이것은 무념(무
심)에서 본 산이고 물이다. 거기는 우리가 사는 바로 이 현실로 돌아와서
본 산이다. 깨닫는다는 것은 우리의 사유를 무심으로 돌리는 것이다.
거기에 와보니 저 현실이 바로 이 현실인 것이다. "깨닫고 났으나

---

63 『하늘과 땅과 인간』, 1997, 운주사, 144쪽.

돌아와 보니 얻은 것이라곤 아무것도 없다. 여산의 폭포는 예전대로 물안개 자욱하고 절강엔 아침저녁 호수물이 드나들더라〔到得還來無別事 廬山烟雨浙江湖〕"고 읊은 소동파의 오도송은 이런 사정을 잘 말해준다. 이것은 성서에 나오는 탕아의 이야기를 방불케 한다. 버리고 떠날 때의 아버지와 다시 돌아와서 맞이한 아버지는 그냥 같은 아버지가 아니라 천양으로 다른 아버지이다. 무엇이 달라졌나? 눈, 즉 보는 의식이 달라진 것이다.

그러나 선불교가 그리스도교와 같다거나 닮은 데가 있다는 말은 아니다. 이 양자는 전혀 다른 사유체계 속에 있다. 전자는 법도 아도 공이라고 부정했다가 다시 그 공을 통해 미오를 깨닫고 이 현실로 돌아와 그것을 절대적으로 긍정하는 데 반해 후자는 이 현실의 삶이 죄로 가득 찬 것으로 보고 참회를 통해 새로운 삶으로 부활하는 것을 설한다. 그러나 죄를 용서받고 부활된 그 삶은 애당초의 그 삶이 아니다. 그리스도교는 그 부활을 저 세상에 설정한다. 우리가 사는 이 현실은 과도기일 뿐이라고 한다.

5. 청송의 시간론[64]

우리는 시간이 무한하다고 믿고 있다. 무한한 과거로부터 무한한 미래를 향해 (또는 그 역의 방향으로) 내용 없는 1차원의 시간이 한결같이 흘러가는 것으로 알고 있다. 그 한결같은 흐름을 태양 주위를 지구가

---

[64] 나는 졸저 『시간의 철학적 성찰』(2001)에서 청송의 시간론을 자세하게 다룬 바 있다. 아래의 논의는 거기에 의존하는 바 크다.

공전·자전하는 것을 측정해서 해[年]와 달[月]과 날[日]로 정하고 이것이 쌓여서 세월을 이룬다고 생각하는데 그 어느 순간을 인간이 살고 간다. 그 순간은 영원에 비하면 너무 짧고 허무하다. 인간의 구원을 도모하는 종교는 시간에 대해 무관심할 수가 없다. 불교도 예외가 아니다. 불교의 시간관은 시대와 학파에 따라 다르다. 원시불교 시대의 시간관은 상식과 다르지 않았다. 그러나 무아·무법을 주장하는 터에 시간관도 많은 변화를 겪으면서 선불교의 '영원한 현재' 이론에까지 이른다. 청송의 시간론은 여기에 입각한다. 나는 차제에 불교의 시간관 일반을 먼저 일별하고자 한다.

1) 전래의 불교의 시간관

불멸 후 300년경에 상좌부로부터 갈라져 나온 부파불교의 교리를 설일체유부라고 하거니와, 그 교리의 핵심은 삼세실유三世實有 법체항유法體恒有이다. 즉 과거·현재·미래는 실지로 있고 객관적 실체도 항상 있다는 것이다. 이것은 주관적 아我는 공空이지만 객관적 사물[法]은 삼세三世에 걸쳐 실재한다[我空法有]한다는 것이다. 과거 자체는 지금에 없지만 그것에 대해 좋아하고 싫어하는 마음이 있고, 미래 자체는 지금에 없지만 미래를 흔구하는 마음은 있으므로 그 마음의 대상도 마땅히 있어야 한다. 모든 것은 업業의 결과인데 현재의 과보果報는 과거의 업과業果이고 미래의 그것은 현재의 업인이 빚는다. 과거의 업인은 과거에 실재하면서 업력을 가지고 있었다. 만일 과거가 없다면 현재의 과보는 업 없이 있게 된다[無因有果]. 그것은 모순이다. 그래서 삼세는 있어야 한다.

이런 시간관에 대해 세친世親을 중심으로 하는 경량부經量部는 매우 비판적이다. 실재하는 것은 오직 현재의 법(다르마)뿐이므로 과거와 미래는 없다[現在有體 過未無體]고 한다. 여기서 중요한 것은 실재개념 이다. 과거와 미래도 시간으로서 없는 것은 아니지만 그때의 실재는 현재가 있는 것처럼 그렇게 있지는 않으니, 과거는 일찍이 있었던 것으로 있고[曾有], 미래는 마땅히 있을 것으로 있다[當有]는 것이다. 과거와 미래는 real하지 않고 ideal하다는 것이다.

우리가 여기서 확인할 수 있는 것은 시간에는 별도의 실체가 없고 현상에 의존해서 비로소 있게 된다는 것이다. 과거와 미래는 오직 의식(기억과 기대)에 의존해서 비로소 있다. 시간문제는 의식의 문제로 넘어가게 된다.

유식종은 일명 법상종이라고도 불리는 것으로 그 종宗의 근본취의는 존재(법)의 성상性相을 구명하려는 데 있다. 일체는 오직 마음의 산물이 다[一切唯心造]. 우리의 의식은 안이비설신의의 6식과 7식인 말나식 및 8식인 알라야식으로 구성되어 있는데 이 3층의 식이 변전하면서 전개된다. 알라야식은 행위의 모든 결과로 이루어지는 가장 깊은 층의 잠재의식이다. 그것은 6식과 말나식으로서의 현실적 행위(현행)가 훈습한 결과이면서, 또한 그것에서 6식과 말나식의 행위가 생긴다. 그래서 알라야식을 근본식 또는 종자식이라고 한다. 이 종자가 안팎으 로부터 오는 연緣에 따라 현기하는 것이 다름 아닌 연기가 연출하는 현상이다. 그리하여 유식론은 연기를 통해 존재를 밝히는 것을 본무로 삼는 법상론이다. 유식론은 동시에 알라야연기론, 즉 종자연기론이다.

『성유식론成唯識論』에 "알라야식은 끊어지기도 하고 항상되기도 하는가?" 하는 물음에 "끊어지지도 않고 항상되지도 않는데, 항상 전화恒轉하기 때문"이라고 대답한다.[65] 여기에 연기론의 독자적 시간관이 엿보인다. 그 시간은 항시현재恒時現在이다. 종자도 알라야식도 항상되지 않고 끊어지지도 않는〔非常非斷〕 항시현재이다. 현재는 순간순간 항시현재이다. 내가 낳는 것도 현재이고 늙은 내가 지금 이렇게 있는 것도 현재이며 죽는 것도 현재이다. 삼세의 일념은 현재의 일세(一世=一念)이다. 한 찰나 속에 과거의 무수한 겁이 섭재攝在되고 또 미래의 영원한 세월이 섭재된다. 이것은 과거와 미래를 섭재하는 현재만이 갖는 실재성의 측면에서 본 것이다.

그러나 "알라야식은 끊어지기도 하고 항상되기도 하는가?" 하는 물음에 "끊어지지도 않고 항상되지도 않는다, 항전恒轉하기 때문"이라고 대답한 대목을 다시 음미하면 시간의 상속성의 문제가 나온다. 여기서 말하는 항恒은 "이 알라야식이 저 시작 없는 때로부터 한가지로 상속하여 간단없는 것"이고, 전轉은 "이 식(알라야식)이 저 시작 없는 때로부터 염념생멸念念生滅하여 전후가 변이하는 것"[66]이라고 한다. 간단間斷, 즉 단절은 자기 동일성(항구성)을 부정하고, 변이는 항구성을 부정한다. 이것은 다시 말하면 시간이 자기 동일성과 변이성을 갖는다는 뜻이다. 시간은 연속적이면서 동시에 단절적이다. 단절은 비약이고 연속성은 시간에서는 지속성을 가리킨다. 시간은 비약적 지속이다.[67]

---

65 『성유식론』 제3.
66 같은 곳.
67 졸저 『시간의 철학적 성찰』, 650쪽 이하 참조.

시간에 비약이 없다면 과거·현재·미래가 꼭 같이 실재성을 갖게 될
것이며, 지속성이 없다면 현재는 원인 없이 생긴 순간만으로 정지되고
말 것이다.

　논종論宗으로서 삼론종三論宗은 중론종이다. 유명한 팔불八不로 중
론中論과 파사현정破邪顯正을 주장하는 것이 삼론종이다.『중관론』의
관시품觀時品 제19 제1게偈의 요지를 정리하면 아래와 같다.

　1) (연기론에 따르면) 시간은 인을 기다려서〔因待〕 비로소 성립하는
　것이니, 과거시가 있음으로 인하여 곧 미래와 현재가 있고, 현재시로
　인하여 과거와 미래시가 있으며, 미래시로 인하여 과거와 현재시가
　있다.

고 하면서 곧이어

　2) 과거시로 인하여 미래와 현재가 있다면 그 미래와 현재는 응당
　과거시에 있어야 한다. (…) 즉 과거시로 인하여 미래와 현재시가
　있다면 과거시 중에는 마땅히 미래와 현재시가 있어야 한다.

　1)은 과거·현재·미래의 성립을 인과의 면에서 본 것이고, 2)는
존재의 면에서 삼세가 함께 있음을 고찰한 것이다. 그리하여 저 텍스트
에서는 1)과 2)가 모순된다고 하여 그 이유를 아래와 같이 거론하고
있다.

왜냐하면 인이 있는 곳에 따라서 법이 성립한다면 이곳에 마땅히 이 법이 있어야 하기 때문이다. 등燈이 있음으로 해서 밝음이 있는 것과 같다. (…) 이와 같이 과거시로 인하여 미래와 현재시가 성립한다면, 곧 과거시 속에 마땅히 미래와 현재시가 있어야 한다. 과거시 속에 미래와 현재시가 있다고 한다면 곧 세 가지 시가 과거라는 이름으로 다할 것이다. 왜 그런가? 미래와 현재시가 과거시 속에 있기 때문이다.

이리하여 과거·현재·미래의 3세가 독자적 시간양상으로 있을 수 없다고 주장한다. 이것은 세 시간양상의 부정이다. 그런데 만일 과거시에 인하지 않고 현재와 미래가 있다면 어찌 되는가? 여기 대해 "과거에 인하지 않으면 곧 미래시가 없고, 그렇기 때문에 과거시가 없으면 미래와 현재가 없다."[68]고 말한다.

저 앞 1)과 2) 사이의 모순을 피하기 위해 과거 속에 현재와 미래가 없다고 하면 이것은 세 시간이 이상異相이 된다. 즉 세 시간은 제각각이 되어 시간이라고 말할 수 없게 된다. 어떻게 보더라도 시간은 성립되지 않는다고 하는 것이 삼론종의 시간에 대한 결론이다. 그러나 이상異相 개념을 어떻게 해석하느냐 하는 것은 과제로 남겨둔다. 왜냐하면 그것을 양상의 다름이라고 하면 현재·과거·미래의 양상은 다르므로 그 말은 옳기 때문이다. 그러나 연속성의 문제는 주제화되지도 못한 채 미해결로 남는다.

---

[68] 『성유식론』 제3게.

화엄사상은 불교의 모든 경론과 각 종파를 아울러서 오교五敎 가운데
에서도 대승종교大乘終敎와 원교圓敎 그리고 십종十宗 중 특히 원명구덕
종圓明具德宗으로 주된 교판을 삼아 중중무진重重無盡 사사무애법계事
事無碍法界의 연기를 천명하여 일즉일체一卽一切 일체즉일一切卽一의
장엄한 연기를 연출하는 연화세계를 세워 불교 가운데에서도 가장
높고 가장 심오한 경지를 이룬 사상체계이다. 더욱이 화엄사상은 지상
에서의 설법만이 아니라 일체가 원만하게 이루어진 천상에서의 설법이
기도 하다. 영원의 천상에서는 시간은 오간 데 없고 영원만 있다.
그 영원은 흘러가는 것이 아니라 오직 현재만으로 있다. 그 시간은
연속성도 없다. 이사무애理事無碍 사사무애事事無碍로 일시현성이기
때문이다.

법장法藏은 일체가 상즉상입相卽相入하여 일대 연기를 이루면서 무한
한 공간과 끝없는 시간이 한 점에 응집하여 서로 장애를 일으키지
않고 해인삼매海印三昧를 동시병현同時炳現하는 비로자나의 세계를 묘
사한다. 동시에 드러나는 해인삼매는 부처님의 마음에 비친 삼라만상이
마치 고요한 저 바다의 깊은 속에 달이 도장 찍히듯 하는 한 점 현재를
가리킨다. 다시 말하면 존재자 전체가 한꺼번에 드러나는 그때 거기는
바로 현재이다. 그리고 그 현재에 중중무진의 연기가 동시에 나타나므로
일체가 동시에 있다. 그 연기는 무시간적인 것이다.[69]

이리하여 화엄세계의 시간은 일체가 현재 속에 원만하게 이루어지니
그 현재는 지속하거나 연속하지 않는 영원한 현재이다. 화엄세계에는

---

69 졸저 『시간의 철학적 성찰』, 659쪽 및 이하 참조.

따라서 변이가 없다. 그것이 연화세계, 곧 열반이다.

2) 청송의 절대 현재론

청송의 시간론은 두 군데에서 피력되어 있다. 「선의 존재론적 구명」 후편 중 '전후단속前後斷續 중간자고中間自孤의 절대현재' 이하가 첫째 이며, 「화엄신론 연구—무시간론을 중심으로」가 둘째이다. 전자는 전편 의 과제, 즉 '다만 앎일 뿐인 앎[但知而已]'을 시간성에서 해명한 것이고, 후자는 이통현李通玄의 『신화엄경론新華嚴經論』에 관한 연구에서 천명 한 시간론이다.

　'다만 앎일 뿐인 앎'은 앞에서 보았듯이 앞의 앎에 접하지 않고 뒤의 앎을 이끌지 않아 중간에 고립된 앎이다. 그 앎이란 대상 없이 아는 것이다. 그런 앎이란 시간을 구성하는 절대적 흐름인 지속성을 부정한 다. 다시 말하면 그것은 객관적 시간을 부정한다. 그것은 도대체 어떤 시간인가?

　청송은 『종경록宗鏡錄』에 있는 범지梵志 이야기부터 시작한다. 범지 는 수도승을 가리킨다. 예전에 고향을 떠난 범지가 백발이 성성해져서 고향에 돌아왔다. 이를 본 고향사람들은 "옛날의 그 범지가 돌아왔다"고 했다. 그러나 범지는 "나는 옛적 그 사람을 닮기는 했으나 옛적 그 사람이 아니요"라고 한다. "동안童顏은 스스로 옛적에 있고 지금 이 늙은 몰골은 스스로 지금에 있은즉 지금의 나는 옛날의 그 사람이 아니다"라고 한 것이다. 시간의 지속성을 부정한 것이다. 어린 시절의 동자童子는 지금의 이 노인에 이르지 않고 노인은 동자로 돌아가지 않으니 노소 백년의 세월이 같은 몸인 한 질로 일관할 수 없다는 것이다.[70] 세월도 흘러가고 형체도 흘러간 것이다. 그러니 백년을 한 질로 일관하는 객관시간이라는 것이 있을 수 없다. 그 시간은 과거와 미래로 연속되지 않은 현재만으로 있는 것이다.

"그 현재는 일체가 현전하는 현재이다. 하이데거의 표현을 빌면 '과거적인 것 및 미래적인 것 까지 일시에 현전하는 현재'이다. 그런 현재는 만유가 일체처에서 현전하는 지평이다. 또 그 현재는 편재편조 遍在遍照하는 현재이고 적조현전 바로 그것이다. 그것은 과거사와 미래 사를 모두 포괄하는 현재이므로 생멸을 벗어난, 상주하는 현재이다."[71] 그 현재는 절대현재이고 항시현재이다.

이런 현재를 하이데거는 「아낙시먼더스의 잠언」(Der Spruch des Anaximander)이라는 논문에서 호머의 『일리아스』를 인증하여 예견자 는 과거·현재·미래를 포함한 모든 시간의 현전자를 과거완료적으로 이미 보아버린 〔照破한〕 사람임을 거론하고 있다. 『일리아스』에 따르 면 트로이 성 함락을 앞두고 아카이아(그리스인) 진영에는 벌써 9일째 질병이 창궐하고 있다. 그것은 아폴로 신이 트로이측을 편들기 위해 퍼뜨린 페스트병이다. 아폴로 신의 뜻을 헤아리기 위해 아킬레우스 장군은 예견자 칼카스Kalchas로 하여금 신의 노여움을 점치도록 했다. 예견자(Der Seher)는 '자기로부터 나아간 자(ausser sich)', 즉 일종의 광인(Der Rasende)이다. 어디로 나아갔는가? 과거 및 미래로 나아간 것이다. 그리하여 예견자가 본 것은 비현재적인 것까지 포함한 현재적 인 것이다. 예견자는 현재적인 것만이 아니라 과거 및 미래적인 것까지

70 『종경록宗鏡錄』, 권7; 같은 책, 282쪽 참조.
71 『시간의 철학적 성찰』, 690쪽.

과거완료적으로 보아버린 것이다.[72]

현재(Gegenwart)는 현전과 관련된다. 현전성(Anwesnheit) 자체가 곧 현재이다. 현전성은 '시간을 가지고 있는 것(Zeithaftigkeit)'이기 때문이다. 하이데거의 표현을 빌면 우리는 흔히 "많은 하객이 참석한 가운데(In Anwesenheit) 연회가 베풀어졌다"고 한다. 이때 In Anwesenheit는 Beisein 특히 In Gegenwart로 바꿔놓아도 무방하다. Anwesenheit는 임재(臨在; Beisein)이자 현재(Gegenwart)인 것이다.[73]

그 존재현전을 하이데거는 고대 그리스의 피지스에 비기고 있다. "피지스로서의 존재는 생성과 반대로 상주성이요 상주적 현전성으로 나타난다."[74] "자연은 인간의 조작과 민족의 운명에, 별들과 신들에, 그뿐 아니라 돌과 푸성귀와 짐승, 심지어 개천에도 현전한다. 불가사의하게도 자연의 편재성이 있다. 자연은 현실적인 것 속에 하나의 현실사물로서는 결코 나타나지 않는다. 이 편재현전은 개별적인 현실사물들의 총화도 아니다."[75] 이런 피지스 개념은 횔덜린 시를 해명하는 '마치 명절날에…'에서 구체적으로 개진되어 있다. 그런 "자연은 모든 것을 넘어서서 모든 것에 앞서서 '언젠가'이다. 자연은 모든 이전의 것 중에서 가장 늙은 것이며 모든 이후의 것 중에서 가장 젊은 것이다. (…) 자연의 도래는 항시 가장 젊은 것이므로 결코 늙을 줄 모르는 가장

---

72 같은 책, 630쪽 참조.

73 M. Heidegger, *Zur Sache des Denkens*, 1969, S. 10; 『시간의 철학적 성찰』, 628쪽 참조.

74 _____, *Einführung in die Metaphysik*, S. 96

75 _____, *Erläuterungen zu Hölderlins Dichtung*, S. 51

옛적인 것으로부터 오는 가장 장래적인 것이다." 그러므로 "자연은 최고最古의 시간이다."[76]

가장 늙었으면서도 가장 젊다는 것은 무엇을 의미하는가? 그것은 현전자를 현전케 하는 현전성이다. 현전성은 비유적으로 말하면 빛이다. "(…) 이 빛의 공명空明 속에서 모든 것이 비로소 현실적 사물로 나타날 수 있기 때문에, 자연은 모든 시간보다 더욱더 시간적이다."[77] 현전성은 시간으로 잴 수 있는 것이 아니요, 모든 현전자의 시숙時熟이 이 현전성에서 비로소 가능한 것이다. 그런 의미에서 그것은 시간의 가장 깊은 근원으로서 근원시간(Urzeit)이다.[78]

청송의 절대현재는 달리 말하면 이 근원시간을 가리킨다. 그것을 청송은 『화엄경』의 명제를 빌려 '십세고금이 바로 이 일념 속에 있다[十世古今 當處一念]'고 하는 현재라고 한다. 그는 또 『기신론법장소起信論法藏疏』에 있는 명제를 인용하여 그 현재는 "시간이 비록 무량하다 하더라도 일념에 거두어져 있다[時雖無量 攝在一念]"고 한다.[79] 이 일념은 전후의 의식이 끊어진 거기, 즉 중간자고中間自孤에서 일체의 삼라만상이 현전하는 그 무념의 일념을 가리킨다. 그것은 일체의 존재자가 "무량의 시간, 천만억겁년千萬億劫年이 돌돌 말아서 무념의 일념인 당처일념, 즉 전후단속前後斷續 중간자고中間自孤의 한 찰나 속에 있다는 말이다."[80]

---

76 *ibid.*, S. 57, 61.

77 *ibid.*, S. 57.

78 『시간의 철학적 성찰』, 692쪽 이하 참조.

79 『선의 세계』, 306쪽.

하이데거가 거론하는 "예견자가 본 것은 일념 속에서 현전하는 일체의 현전자요, 따라서 그렇게 보이게 하는 것은 현전자를 현전케 하는 현전성에 다름 아니다. 현전자는 비-현재적 현재(ungegenwärtige Gegenwart)까지 포함하는 현재에서 현전한다. 비-현재적인 것은 비-현전적인 것(das Abwesende)이다. 절대현재는 이 비-현전적인 것까지 현전케 하는 현재요, 예견자는 바로 그것을 보는 자이다. 현재는 만유를 현전케 하는 지평이요, 이런 현재를 청송은 '현전상주現前常住'라고 한다."[81]

'비-은폐성 속에서 현전하는 것'은 곧 현재 속에서의 현전이다. 그 현재는 지금과 구별되는 현재, 즉 과거 및 미래까지 포함하는 지평적 현재를 가리킨다. 그런 현재를 절대현재, 근원시간이라고 했거니와, 선에서는 또 '편계부장遍界不藏 전기독로全機獨露'의 현재라고도 한다. 이 말은 『벽암록碧巖錄』에 있는 말, 즉 "시방세계에 충만한 만상 차별의 하나하나에 한 점의 감춤 없이 본체실상本體實相이 구원구현具圓具現한다는 말로서, 온 세계 일체가 은폐되지 않고 비은폐성에서 환하게 현전하고 있음"[82]을 가리킨다.

청송이 시간론을 서술한 두 번째 대목은 이통현의 「신화엄경론 연구-무시간성을 중심으로」에서 이다. 이통현은 흔히 이장자李長子라고도 불리는 당대唐代의 재속 『화엄경』 연구자이다. 그는 10여 년간 『팔십

80 같은 책, 같은 곳.
81 『시간의 철학적 성찰』, 694쪽.
82 『선의 세계』, 310쪽.

화엄경』을 연구하여 『신화엄경론』40권을 완성했으며, 그 밖에 『결의론決疑論』 4권, 『십명론十明論』 1권을 저술했다. 그는 선정禪定을 중시하고 미혹과 깨달음의 일체성을 선양했다.

청송은 특히 이통현이 『신화엄경론』에서 화엄 40품品의 품마다 그 서두에 "나는 들었다. 저때에…〔如是我聞 爾時…〕"라는 서술이 보이는 것에 근거하여 화엄경 전체의 뜻이 그 서품인 「세주묘엄품世主妙嚴品」 속에 함축되어 있다고 보고, 그 화엄경 해석의 바닥에 무시간성이 깔려 있는데 착안하여 이통현의 『신화엄경론』을 이 무시간성에 입각해서 해석하고 있다. 이통현에 따르면 『화엄경』의 경주經主인 비로자나여래만이 아니라 삼세고금의 모든 부처가 일시에 동시적으로 성불하고 동시 한 찰나에 열반에 들었다. 그래서 그는 『신화엄경론』의 전편에 걸쳐 품경 해석마다 "시간은 변천하지 않는다〔時無可遷也〕"로 일관한다. 청송은 여기에 입각해서 이통현의 『신화엄경론』을 해석한다.

이통현에 따르면 비단 『화엄경』의 경주인 비로자나불만이 아니라 모든 부처는 일시에 동시적으로 성불했다. 따라서 과거·현재·미래라는 시간양상은 말한 것도 없고, 고금이나 시간의 길고 짧음도 없다는 것이다. 그 이유는 이렇다: 우리의 마음은 대경을 반연하여 능소와 주객의 대립으로 대상을 표상하여 그것이 객관적으로 실재하는 것으로 믿고 있는데 그것은 미혹의 단초이다. 시간의 양상이나 길고 짧음, 빠르고 느림 등의 시간의식은 이런 객관적 대상에 의존해서 성립하는 것이다. 거기에 생멸상이 근거한다. 그러나 그런 마음의 의지처를 걷어내고 나면, 즉 지금 당장 마음이 의지하는 바 능소를 모두 걷어내고 나면, 위와 같은 시간의식도 다 없어지고 만다. 그것은 청송이 존재론에서 존재현전을 말하는 바로 그것 이외에 다른 것이 아니다.

　그런 시간론은 삼론종의 항시 현재론이나 화엄사상의 무시간성과 크게 다르지 않다. 그러나 그것은 엄격하게 말하면 시간론이라기보다는 영원론이다. 시간 자체가 영원화한 것이다.

4장 청송철학(2): 한국의 선사상과 그 전통

1. 한국 선의 특성과 그 전승

「선의 존재론적 구명」이 처음 발표되고(1968), 그 2년 뒤에 우리나라 선맥에 대한 연구 「해동조계종의 연원 및 그 조류」도 역시 학술원의 인문·사회과학편에 발표되었다(1970). 이 논문은 「선의 존재론적 구명」에 버금가는 대작이다. 전자는 249쪽이고 이 논문도 214쪽에 이른다. 양자는 각기 단행본으로 발간해도 손색없는 크기의 논문이다. 두 논문을 합치면 450여 쪽인데 이것을 연이어 발표하였다는 것은 평소의 깊은 연구가 없고서는 불가능한 일이다.

이 논문은 1. 서설과 세 부분으로 되어 있다. 그 세 부분이란 1. 조계종의 명칭의 유래; 2. 보조 이전의 해동선종; 3. 지눌독창 해동조계종(조계산 수선사 선문)이다. 이 중 3은 다시 1) 보조국사, 2) 진각국사, 3) 보조법맥의 계승으로 되어 있다. 이 논문은 우리나라의 선사상을 철학적으로 체계화하였다는 데 큰 의의를 갖는다. 이를 위해 청송은 보조국사와 진각국사에 대해 세밀하게 연구했음을 보여주고 있다.

그래서 『선의 세계』를 맨 처음 단행본으로 발간한 태학사본(1971)에는 앞에서 밝힌 바와 같이, 2. 보조 이전의 해동선종과 3의 끝 보조법맥의 계승이 빠져 있다. 한국 선의 철학적·사상적 특성을 살린다는 취지에서 역사적 서술 부분은 유보하고 발행에서 제외했던 것이다. 그래서 제목도 '해동조계종에서의 존재현전'이라고 바꿨던 것이다. 그러다가 『선의 세계』 최종본인 동국대학 출판부본은 이 부분을 복원해서 원래대로 수록하였다. 여기에서는 이 최종본을 따라 소개한다.

1. 〈조계종의 명칭의 유래〉; 조계라는 명칭은 전적으로 중국선의 5조 홍인弘忍대사의 의발을 이어 받은 혜능慧能이 소주韶州 조계산曹溪山 보림사寶林寺에서 달마정전의 선풍을 일으켜 당송시대에 중국 선불교를 크게 선양하여 동양 삼국에 일대 선풍을 일으킨 그 산의 명칭을 차용한 것이어니와, 그것은 보조국사의 독창적 위업에 기인한다는 이능화李能和의 주장과 거기 대해 비판적 이견을 제기하여 이 명칭은 이미 그 이전에 있었다고 하는 포광包光 김영수金映遂와 퇴경退耕 권상로權相老의 견해가 있으나, 청송은 전자의 입장을 취하여 우리나라의 선종의 정맥을 보조국사로부터 유래한다고 주장한다.[83] 조계산이나

---

[83] 이 주장에 반대하는 두 입장이 있다. 퇴옹 성철도 그중의 하나이다. 또 하나는 현재 대한불교 조계종의 종헌이다. 종헌 제1항 제1장은 종명을 신라 도의국사가 창건한 가지산문에서 기원하는 것으로 보고, 고려 보조국사를 중천자重闡者로 하며, 태고 보우국사가 제종을 포섭하여 조계종이라고 공칭한 것으로 규정하고 있다. 윤원철, 『청송의 선과 철학』, 「청송과 보조 지눌의 선사상」, 2011, 운주사, 236~7쪽 참조.

조계종이라는 명칭이 그 이전에도 있었느냐 없었느냐를 역사학적으로 따지는 데에도 별반 의미를 두지 않고 보조국사의 업적을 선양하겠다는 의도가 엿보인다.

2. 〈보조 이전의 해동선종〉: 여기에서 청송은 나말려초羅末麗初의 구산문파九山門派와 그 파의 개조 또는 대표적 선사를 소개하고 있다. 거기에 이어 그는 어느 파에도 속하지 않는 선사들을 산승散僧이라는 제하에 소개하고 있다. 구산문파를 적기하면 아래와 같다.

(1) 가지산파迦智山派; 초조는 도의道義대사, 영거廉居선사를 거쳐 3조에 체증體證선사(普照선사).

(2) 실산상파實相山派; 초조는 홍섭(洪陟 또는 洪直)선사, 그를 이은 수철秀澈선사.

(3) 동리산파桐裏山派; 초조는 혜철惠哲국사 시호는 적인寂忍선사, 그 제자에 여如선사와 광자(廣慈, 자는 法信)대사가 있다. 그 맥에 도선道詵국사(시호는 了空선사, 또는 先覺국사)가 있다.

(4) 성주산파聖住山派; 무염無染선사(또는 朗慧화상)가 대표적이다.

(5) 사굴산파; 초조는 범일梵日 또는 통효通曉대사라고 한다. 그 문하에 개청(開淸, 시호는 朗圓)대사와 행적(行寂, 시호는 朗空)대사가 있다.

(6) 사자산파師子山派; 초조는 도윤(道允, 시호는 澈鑑)선사, 그 문하에 절중(折中, 시호는 燈曉)대사가 있다.

(7) 희양산파曦陽山派; 초조는 지선(智詵, 호는 道憲, 시호는 智證)국사, 4조 도신道信의 방계인 도헌道憲 계통.

(8) 봉림산파鳳林山派; 초조는 현욱(玄昱, 시호는 圓鑑)선사, 그 문하에 심희(審希, 시호는 眞鏡)대사가 있다. 그 선맥에 찬유(璨幽, 시호는 元宗)선사가 있다.

(9) 수미산파須彌山派; 초조는 이엄(利嚴, 시호는 眞澈)대사. 조동종 운거雲居의 법사.

구산선문의 초조들은 대개 중국에 유학하여 법인法印을 받아가지고 돌아와서 각기 산에 사찰을 창건하여 선풍을 일으킨 선승들이다. (7)과 (9)를 제외하고는 거의 마조馬祖의 법사들로부터 법인을 받아왔다고 한다. 초창기인 데다가 라말려초에는 화엄종의 영향이 컸던 탓으로 화엄교문과 선문의 다름을 규정하기에 급급했다고 청송은 적고 있다.

'언지불급言之不及'에 치중한 나머지 '요료견了了見'에 소홀하지 않았나 사료된다. 견문각지의 대상세계 내지 이장理障에서 오는 불과로서의 형이상학적 실재를 완강히 거부하는 데에 치중하였기 때문에, 적멸과 선정에서의 혜의 조용照用이 소외되었다. 따라서 이 조용에서 현전하는 구체적 현실의 세계가 자연히 도외시되고, 적寂과 정定이 일방적으로 강조된 느낌이 없지 않다. 그 탓으로 구산선문이 선적종禪寂宗이라는 칭명을 얻게 된 것일까?[84]

이에 반해 "교선화회敎禪和會의 크나큰 스케일에서 화엄법계를 자심 경내에서 돈오하는 지눌의 화엄교문의 선문화는 해동선종의 빛나는

---

[84] 『선의 세계』, 361쪽.

금자탑이 아닐 수 없다"[85]고 하여 보조국사의 위업을 선창한다. 보조국
사가 이룬 업적 가운데 가장 혁혁한 것은 선과 교를 화회시켜서 해동
조계종의 선사상을 확립했다는 데 두고 있다.

여기에 이어 청송은 2) 산성散聖이라는 항을 두어 혜소(慧昭, 眞鑑국
사), 긍양(兢讓, 존호는 眞空대사, 시호는 靜眞국사), 경포(慶甫, 洞眞대
사, 자는 光宗), 려엄(麗嚴, 大鏡대사), 경유(慶猷, 法鏡대사), 향미(逈微,
先覺대사), 학일(學一, 자는 逢渠, 시호는 圓應국사), 이자현(李資玄,
希夷子, 眞樂公), 정현(鼎賢, 시호는 慧炤국사), 탄연(坦然, 시호는 大鑑국
사) 등을 열거하고 있다.

이상의 기록은 온갖 비명, 묘지명, 조당집, 사서 등을 참고하여
남길 만한 문장은 모두 모아 각 선승에 관한 사적을 적어 놓은 것이다.
이것은 기록유산이 희소한 우리나라의 고승들에 대한 기록이 그나마
자꾸 마멸되어 가는 것을 안타깝게 생각한 나머지 후학들의 연구와
문화유산의 보존에 미력이나마 보태겠다는 충심에서 옮겨 적어 놓은
같다.

2. 초창기 한국 선의 형성(보조·진각)

이 부분은 「해동 조계종의 연원 및 그 조류」의 제4부에 있는 논술,
즉 「지눌 독창 해동조계종(조계산 수선사 선문)」을 정리한 것이다.
이것은 「해동 조계종의 연원 및 그 조류」의 핵심부분으로 우리나라

---

85 같은 책, 361쪽.

선 사상을 처음으로 철학적으로 정리한 것이어서 나는 거기에서 한국
선 사상의 진수를 찾을 수 있을 것 같아 별도로 독립시켜 다루고자
한 것이다. 그 내용은 세 부분으로 되어 있다. 1) 보조국사, 2) 진각국사,
3) 보조법맥의 계승이 그것이다. 나는 이 순서대로 정리할 것이다.

1) 보조국사(知訥, 자호 牧牛子)

① 보조국사는 조계종의 시조

청송은 보조국사가 한국 조계종의 시조임을 의심 없이 전제하고는
김군수金君綬가 지은 비명에 있는 명제를 그대로 인용하여, 보조국사가
선생 없이 멀리는 『육조단경』(六祖壇經=法寶壇經)을 스승 삼고 가까이
는 『대혜 보각선사 어록』(大慧普覺禪師語錄=大慧書)를 벗 삼아 자력으
로 깨달았다고 한다. 자력으로 깨달은 사람으로서 그는 원효와 이자현
李資玄 등의 경우를 거론한다. 위의 두 책 외에 지눌에게 크게 영향을
준 것으로는 이통현李通玄의 『신화엄경론新華嚴經論』, 하택 신회荷澤神
會의 『오해悟解』, 규봉 종밀圭峯宗密의 『선원제전집도서禪源諸詮集都
序』 등을 위시한 화엄경 계통의 사상이었던 것 같다.

어느 문화권에서나 독창적인 인물은 선생 없이 자력으로 자기 사유를
완성한다. 철학사상의 면에서만도 소크라테스·플라톤·아리스토텔레
스를 위시해서 근세의 데카르트·스피노자·라이프니츠·칸트·헤겔·
니체 등등 그 예를 열거할 수 없을 정도로 많은 거장들은 선생 없이
스스로 자기의 독자적 사상을 완성한 사람들이다. 이것은 과학의 경우
에도 마찬가지이다. 설사 선생의 문하에서 그의 지도하에 학문을 닦았
더라도 그 선생을 넘어서서 자기의 독자적 학문세계를 형성하지 않으면

그 선생의 추종자 내지 그 선생의 학설을 해설하는 인물밖에 되지
못한다.

　그러나 선생 없이 깨친다는 것은 아무나 할 수 있는 일이 아니다.
그것은 몇 세기에 한 번 나타나는 천재가 아니고서는 불가능한 일이다.
하기는 청송의 선불교 연구도 그 이전에 누구에게서 배워서 한 것이
아니라 선생 없이 혼자 힘으로 깨닫고 개척한 것이다. 청송 이전에
선불교를 철학적으로 연구한 이는 아무도 없었다.

② 보조선의 특색: 문해신입

보조선의 특색으로 청송은 그의 '문해신입聞解信入'을 들고 있다. 선에
서는 지식으로 아는 것을 몹시 싫어한다. 불립문자를 원칙으로 삼고
있기 때문이다. 이것을 보여주기 위해 청송은 한때의 덕산德山화상
이야기를 들려준다.

　덕산화상은 경교經敎에 정통하여 특히 『금강경』의 권위자로서 주금
강周金剛이라는 별명까지 얻은 스님이었다. 그가 문자 없이 순간에
깨친다는 남송의 선승들을 시험할 목적으로 여행길에 올랐다. 점심때
가 되어 다과점에 들려 점심點心을 청하자 주인 노파가 보따리에 들어
있는 것이 무엇이냐고 물었다. 주금강은 의기양양하게 자기가 지은
『금강경소』라고 했다. 주인 노파 가로되 "『금강경』에 과거의 마음은
얻을 수 없고, 현재의 마음도 얻을 수 없으며, 미래의 마음도 얻을
수 없다고 쓰여 있는데 스님은 어느 마음(心)에 점點을 찍으려 하느냐'고
물었다. 주금강은 한마디도 대답하지 못하고 말았다. 그는 그 노파의
지시에 따라 그 길로 용담 숭신龍潭崇信을 사사하게 되었다.

어느 날 밤늦도록 선생을 모시고 있다가 숙소로 돌아가려고 나와 본즉 길을 분간할 수 없이 캄캄하였다. 숭신화상이 촛불을 밝혀주었다. 그가 촛불을 받아들자마자 숭신화상은 확 불어서 촛불을 꺼버린다. 그 순간 덕산은 크게 깨닫고 숭신화상에게 예를 표하였다고 한다.

화상이 무엇을 보았길래 그러느냐고 물으니, "앞으로는 오직 법만을 향할 것이며 늙은 화상들의 혀끝에 현혹되지 않겠습니다"고 했다는 것이다. 그 길로 그는 자기가 지은 『금강경소』를 법당 앞에서 불살라버렸다고 한다. 또 청송은 대혜 보각大慧普覺선사가 공안을 푸는 데 온 마음을 쓰는 폐단을 없애기 위해 원오 극근圓悟克勤화상이 찬술한 『벽암록碧巖錄』을 불살라버렸다는 고사도 소개하고 있다. 이런 이야기를 하는 이유는 선문에서는 어구의해語句義解가 득도에 장애가 된다는 것을 보여주기 위해서인 것이다.

그럼에도 보조국사는 이런 선 일변도를 주장하지 않고 도리어 문해신입이라 하여 교 특히 『화엄경』에 대한 이해를 선에 드는 조건으로 삼고 있다. 보조국사의 문해신입은 저런 불립문자 일변도가 지나쳐서 선승은 공부를 안 해도 능히 깨달을 수 있다고 하여 지식으로 알고 뜻으로 아는 것을 도외시하고 무시하는 폐단이 생기는 경우를 고려한 조치가 아닌가 싶다. 문해신입이란 지해知解를 통해 화엄을 아는 동시에 선에 신입信入하는 것을 가리킨다. 이것은 선교화회禪敎和會라는 기본 정신을 선문에 들어오는 초입자를 받아들이는 방편으로 삼는다는 것이다.

그리하여 "보조국사에 있어서는 지해는 학인유도의 하나의 필수적 방편이라는 것이 그의 신조였다."[86] 보조국사는 먼저 뜻을 알고 믿음에

드는 것을 선 공부의 원칙으로 삼는다는 것이다. 청송은 김군수가
지은 보조국사 비문을 인용하여

사람에게 독송하기를 권할 때에는 언제나 『금강경』으로 법을 세우
고, 이치를 연설할 때에는 반드시 『육조단경』을 말하였으며, 이통현
의 『화엄론』과 대혜의 『대혜어록』을 도와주는 날개로 삼았다.[87]

고 한다. 이것은 경론의 이해를 결코 소홀히 하지 않았다는 것이다.
보조국사는 『법보단경』으로부터 큰 영향을 받았다고 하거니와 이 문해
신입 정신에도 그 흔적이 보인다. 『법보단경』에는 다음과 같은 명제가
보인다.

나의 이 법문은 정定과 혜慧를 근본으로 한다. 대중이여, 정과 혜가
별개라고 어리석게 말하지 말라. 정과 혜는 하나이지 둘이 아니다.
정은 혜의 체이고 혜는 정의 용이다. 혜가 있으면 정이 있고 정이
있으면 혜가 있다. 이 뜻을 알면 정과 혜를 함께 배우라. …… 정과
혜는 비유컨대 등과 등불의 관계와도 같다. 등이 있으면 빛이 있고
등이 없으면 캄캄하다. 등은 빛의 몸이요 빛은 등의 작용이니 이름은
다르지만 본체는 하나이다. 정혜의 법도 이와 마찬가지이다.[88]

---

86 같은 책, 434쪽.
87 같은 책, 437쪽에서 재인용.
88 윤원철, 「청송과 보조 지눌의 선사상」, 『청송의 선과 철학』, 263쪽에서 재인용.

청송에 따르면 문해신입은 우리나라 선의 전통이 되어, 그 뒤 믿음으
로부터 첫 출발을 삼아야 한다고 하는 진각국사眞覺國師 혜심慧諶과
"만약 초학을 인도하려고 하면 먼저 『선원제전집도서禪源諸詮集都
序』와 『법집별행록法集別行錄』으로써 여실한 지견을 세우게 하고, 그
다음에 『선요禪要』와 『어록語錄』으로써 지해의 병폐를 싹 쓸어버리게
하고 나서 활로를 지시해 주어야 한다"[89]고 하는 벽송 지엄碧松智嚴선사,
나아가서 청허淸虛선사에 이르기까지 그 정신이 이어진다. 말하자면
문해신입은 해동조계종의 선의 전통이 된 셈이다.

③ 무가취사無可取捨의 현실적 세계

"땅에 넘어진 자는 땅을 짚고 일어선다."[90] 이 말은 불가에서 흔히
쓰는 현세 긍정의 말이다. 우리가 절망하고 인생살이에 비관하는 것도
이 현실세계에서의 일이며, 도를 얻어 득의충천하는 것도 이 세상에서
의 일이다. 미혹에 빠지는 것은 세상에 대하는 태도가 어리석기 때문에
생기는 것이다. 더욱이 의상과 원효 이래 우리나라의 불교는 화엄사상
이 지배적인지라 사사무애事事無碍의 인드라(제석천)의 세계가 바로
이 현실세계임을 주장하는 전통 아래에서 현실적 세계에서는 취하고
버릴 것이 없다고 하는 것은 당연하다. 그리고 그것은 우리 민중의
현세긍정의 심성과도 일치한다.

---

89 『선의 세계』, 438쪽.
90 이 비유는 보조국사의 『권수정혜결사문』의 첫머리에 나오는 명제인데, 이 글에서
　 땅으로 비유되는 것을 청송은 번뇌라고 해석하는데 반하여 윤원철은 일념一念으로
　 이해한다. 후자로 이해하는 것이 무난할 것 같다(앞의 논문, 245쪽 참조).

우리의 일상생활 — 대경의 세계의 실재에 대한 신뢰와 집착이,
주운안이舟運岸移와 같이 허망한 것일지라도, 이 허망한 망상이
있는 것만은 사실이 아닌가? 만일 이것을 떠나서, 그것으로부터의
해탈을 구한다면 그것은 연목구어이며 극복의 공전이다. 또 만일
이것을 일체 단제해 버리고 일념불생一念不生의 캄캄한 암갱暗坑
속에 침체한다면 그것은 현실을 무시한 허무가 되고 만다.[91]

깨닫고 나서 돌아온 세상이 이 현실세계 밖에 있는 별도의 세계가
아니라 바로 이 현실세계라는 것이다. 이 현실을 접어두고 다른 세계가
있다고 믿는다면 그거야말로 허망한 망상이다. 청송은 보조국사의
법문 중에서 중생과 부처, 성과 속, 청과 탁이 다 같이 중생이나 부처·보
살에 본디부터 갖추어져 있는 보광명지普光明智의 자성自性에서 일어나
는 자연생自緣生인지라 본래적으로 부처와 중생은 보광명지에서 일치
한다는 예문을 아래와 같이 제시한다.

자기 마음 안에 있는 모든 부처의 널리 비추는 밝은 지혜로써 일체
중생들을 두루 비추면, 중생들의 모습이 곧 여래의 모습이며, 중생들
의 말이 곧 여래의 말이며, 중생들의 마음이 곧 여래의 마음이다.
더 나아가 생계를 위한 산업과 물건을 만들어내는 따위가 다 여래의
널리 비추는 광명의 지혜가 운용하여 움직이는 모양과 작용이 된다.
조금도 특별한 차이가 없다.[92]

---

91 『선의 세계』, 440쪽.
92 같은 책, 443쪽.

자기 마음과 대상 경계, 나와 남이 두루 참된 것임을 깨달으면, 곧 중생의 마음과 자기의 마음과 여래의 마음, 그리고 몸이 동일한 체상體相임을 두루 보게 된다. 이것은 모두 허깨비와 같은 모양이니, 생겨남과 머무름과 소멸함과 무너짐의 모양을 보지 않으면 곧 깨달음에 가깝다. 그러나 이것에 미혹되어 따로 구하는 것이 있다면 깨달음에서 멀어진다.[93]

다만 중생들이 스스로 짓고 스스로 속는다. 스스로 범부와 성인, 자기와 남, 원인과 결과, 더러움과 깨끗함, 본성과 모양 등을 보아서 스스로 분별심을 내고 스스로 물러날 마음을 내는 것이다.…[94]

중생과 부처의 차이는 다만 미혹과 깨달음에 다름 아니다. 마음이 곧 범부요 부처라는 것이다. 보조국사는 『권수정혜결사문』 앞머리에서

한마음이 어두워 가없는 번뇌를 일으키는 것은 중생이요, 한마음을 깨달아 가없는 묘한 작용을 일으키는 것은 부처이다. 미혹과 깨달음 이 비록 다르지만 중요한 것은 모두 한마음으로 말미암는다는 것이 다. 마음을 떠나서 부처를 찾는다는 것은 이치에 맞지 않는다.[95]

라고 적고 있다. 일체는 마음이 만든다[一切唯心造]라는 명제는 여기에

---

93 같은 책, 444쪽.
94 같은 곳.
95 金呑虛 역해, 『보조법어』, 1쪽.

서도 통하는 진리이다.

④ 화엄론적

보조국사의 선이 화엄론적임은 이미 알려진 일이다. 구산선문九山禪門의 개조들이 대개 중국에 가서 법인을 받고 돌아와 선문을 열었으나 한국 불교의 통불교적·화엄론적 경향에서 벗어날 수는 없었을 것이다. 화엄사상은 모든 경전에 대해 포괄적이다. 그리하여 이능화(李能和)는 보조국사가 "『원돈성불론圓頓成佛論』을 지어 화엄의 교리를 널리 폈다"고 했고, 일본인 누까리야 가이텐(忽滑谷快天)도 보조국사의 선은 "화엄에 입각한다. 그의 인증에는 종밀宗密·증관證觀·영명 연수永明延壽의 말이 가장 많다"고 그의 『조선선교사』에 적고 있다. 청송은 보조국사는 특히 이통현李通玄의 『신화엄경론新華嚴經論』과 대혜 종고大慧宗杲의 『대혜어록大慧語錄』으로부터 많은 영향을 받은 것으로 서술하고 있다.

이통현에 대해서는 앞에서 소개한 바 있다. 대혜종고는 사호賜號를 대혜大慧선사라 하고 시호를 보각선사普覺禪師라고 하는데, 『벽암록碧巖錄』을 저술한 원오 극근圓悟克勤의 법을 이은 임제종 양기파楊岐派의 선승이다. 그는 임제종의 선풍을 일으켜서 『정법안장正法眼藏』 6권과 『대혜어록』 등을 저술하였다. 그는 특히 공안公案을 중시하는 간화선看話禪을 고취하여 조동계 굉지 정각宏智正覺의 묵조선默照禪을 공격, 양자 사이에 논쟁을 유발시켰다. 보조국사의 선풍에는 다분히 임제종계의 간화선이 작용하고 있음은 그의 저서 『간화결의론看話決疑論』만으로도 짐작된다.

청송은 보조국사의 『화엄경』에 대한 깊은 관심과 연구에 대해 소상하

게 서술하면서 일체를

> 방하放下하여 다시는 방하할 것이 없는 데에 도달한 후 이 무방하처無
> 放下處도 역시 방하하면, 더듬어 찾아낼 것이 바이 없는 (⋯) 화두상
> 에서 홀연히 '일심법계一心法界 통연명백洞然明白' ― 본래적으로 인
> 인분상人人分上의 심경 안에 구유한 자재법계自在法界가 통연명료하
> 게 현전한다고 한다. 이것은 보조국가가 대혜의 간화선을 방편으로
> 삼아, 화엄교문의 중중무애연기법계重重無碍緣起法界를 자심경내
> 에서 돈오할 것을 설시한 것이다.[96]

라고 하여 보조국사의 선에 대혜종고의 영향이 있음을 증거하고 있다.

그렇다고 보조국사가 간화선만을 주장하고 굉지 정각의 묵조선을
저버린 것은 아니다. "보조국사의 선은 천동 굉지의 선과 규揆를 같이
한다고 할 수 있다."[97] 보조국사는 어디까지나 양자의 장점을 취하기에
애썼다.

나아가서 청송은 보조국사의 선이 선교禪敎일치에 근거하는 데는
이통현의 『신화엄경론』의 영향이 컸음을 보조국사 자신이 『화엄론절
요서華嚴論節要序』에서 고백하는 것을 길게 인용하여 보여주고 있다.
그 인용문은 아래와 같다. 이 인용문 중 인용표(" ") 안의 명제는 이통현
의 말도 있고 보조국사 자신의 글도 있다. 문맥을 구분해야 알 수
있다.

---

96 『선의 세계』, 462쪽.
97 같은 책, 481쪽.

〔보조국사 자신이 대장경의 여래출현품에 열중하다가〕 다시 이통현 장자가 지은『화엄론』십신초위十信初位의 해석을 열람하였다. 그 내용은 이러했다.

……

"범부의 지위에서 십신十信에 들어가기가 어려운 것은 그들은 모두 제 자신이 범부라는 것만 인정하고 제 마음이 바로 부동지불不動智佛임을 인정하지 않기 때문이다."

또 말하였다.

"마음은 지혜의 그림자요 이 세계도 또한 그러하다. 지혜가 깨끗해지면 그림자도 밝아져서 크고 작은 것이 상입相入하는 것이 마치 인다라 그물의 경계와 같다."

이런 내용을 보고 나(보조 자신)는 읽던 책을 놓고 크게 탄식하면서 말하였다.

"부처님이 말씀으로 설법하신 것은 곧 교教이고, 조사祖師님이 마음으로 전수하신 것은 곧 선이다. 부처님과 조사님의 마음과 말이 결코 서로 어긋나지 않는데 어찌하여 그 근원을 궁리하지 않고서 제각기 스스로 익힌 것에만 안주하여 쓸데없이 논쟁만 일으키며 헛되이 세월만 보내는가?"

……

"마음을 닦는 사람은 먼저 조사의 도로써 제 마음의 본래 미묘함을 알되 문자에 구애받지 말고, 다음에는 논문으로써 마음의 본체와 작용이 곧 법계의 성품과 모양임을 분별해 알면 사물과 사물의 걸림 없는 덕과 동체대비同體大悲의 공이 본분 바깥의 일이 되지 않을 것이다."[98]

위 인용문을 통해 청송은 보조국사의 교선일체와 '문해신입'의 교판이 다분히 이통현의 영향 아래 있음을 확인하였다. 그러면서도 청송은 보조국사의 선사상이 화엄종의 영향하에 있다는 것을 될 수 있는 대로 수정하여 보조국사 자신이 선과 교를 종합한 결과임을 돋보이려고 한다.

⑤ 돈오점수頓悟漸修

돈오점수는 보조선 수행의 핵심이자 특징으로 간주되는 부분이다. 그러나 돈오점수는 중국 남송의 선사상에서 일반적으로 받아들이고 있는 교판이기도 하다. 도는 불현듯 깨닫는 것이다. 그것이 돈오인데 이것은 점수로 이어져야 한다. 먼저 도를 깨닫고(돈오) 이것으로 만족하고 더 이상 수행을 하지 않아도 되는 것이 아니라, 깨달은 뒤에도 계속해서 수행을 해야 깨달은 바를 잊어버리거나 망념을 부리지 않는다는 것이다. 사람들은 세속에 찌든 삶을 너무 오래 살아왔기 때문에 깨달았다고 수행을 하지 않으면 도로 세속인으로 돌아가기 마련이다. 무한히 오랜 동안 점수한 끝에 마침내 도를 깨닫는 것이 아니라 불현듯 도를 깨닫고 이것을 점수한다는 것이다.

김군수金君綏가 지은 보조국사의 비명에 따르면 보조국사는 불경을

---

98 같은 책, 469~470쪽에서 재인용.

읽다가 세 번 깨달음을 경험하였다. 그중 두 번째 깨달음을 적기하는 명제에 다음과 같은 것이 있다. 선문禪門에서는 늘 '마음이 곧 부처'라고 하는데 그 뜻을 제대로 이해하지 못하고 고민하였다. 그래도 『화엄경』에 해답이 있으리라고 기대하면서 "심종心宗에 계합하는 부처님의 말씀을 찾느라 3년 동안" 대장경을 뒤졌다. 그러다가 이통현의 『신화엄경론』을 접하고 비로소 그 뜻을 알게 되었다.

> 『화엄경』「여래출현품」에서 "한 티끌이 무수한 경전을 머금었다"고 하는 비유와 그 뒤 결론적으로 말하길 "여래의 지혜도 이와 같아서 중생의 몸에 다 갖추어져 있지만 어리석은 범부들이 이를 알지 못하고 깨닫지 못한다"고 한 대목에 이르러 그 경전을 머리에 이고는 나도 모르는 사이에 눈물을 흘렸다. 그러나 오늘날 범부들이 처음 믿음에 들어가는 문에 대해서는 자세히 알지 못하였다. 그러다가 이통현 장자가 지은 『신화엄경론』에서 십신十信의 첫 단계에 대해 해석한 것을 보게 되었다.[99]

이것은 소위 그의 돈오점수의 수증론과 이어지고 선교일치론의 기초를 이룬다고 말할 수 있을 것이다.

보조국사의 선교일체 사상에는 이통현 이외에 규봉 종밀圭峯宗密 선사의 영향도 있으리라고 청송은 생각한다. 종밀선사는 시호를 정혜定慧 선사, 초당선사, 규산圭山대사라고 칭하는, 화엄종 제5조이다. 그는 처음에 유학을 연구하다가 불교에 입문하였는지라 뒤에 『원인론原人

---

99 윤원철, 「청송과 보조 지눌의 선사상」, 『청송의 선과 철학』, 265~6쪽에서 재인용.

論』을 저술하여 유·불의 협조에 공헌하였다. 나아가서 불교에 입문한 처음에는『원각경』연구에 심혈을 기울였으나 곧 징관澄觀선사에 사사하여 화엄학을 배워 교선일체를 주장하고『선원제전집도서禪源諸詮集都序』를 저술해서 이를 창도하였다. 그것은 하택종荷澤宗과 통하는 것이었다. 말하자면 종밀선사는 유·불과 선·교 및 선의 제종파에 두루 통하는 큰 선사인 셈이다. 그는 선오후수先悟後修를 주장하였다. 돈오점수는 교선일체를 전제하고서 가능하다. 즉 교에 대한 지해가 있고 선에 들어가야 한다는 것이다. 종밀선사의『선원제전집도서』에는 다음과 같은 명제가 보인다.

무릇 부처님께서 돈교와 점교를 설하셨고, 선종에는 돈문頓門과 점문漸門을 열어보였다. 이 두 가르침과 두 문이 제각기 서로 딱 맞아떨어진다. 그리하여 지금 강론을 하는 사람들이 치우치게 점漸의 뜻만 드러내고 참선하는 사람은 또 치우치게 돈頓의 종지만을 전파하고 있어서 참선하는 이와 강백講伯이 서로 만나면 북쪽 오랑캐와 남쪽 오랑캐처럼 그 거리가 막혀 있다.[100]

이것은 교·선의 일치를 주장하는 문장이다. 그리하여 보조국사는 이 사상을 이어받아

경에 말씀하기를 '이치[理]는 단박 깨닫는 것이므로 깨달음을 타고 번뇌를 녹일 수 있지만, 현상[事]은 단번에 제거될 수 없으므로

---

100 『선의 세계』, 481쪽에서 재인용

차례를 따라 없애는 것이다'라고 하였다.[101]

고 하여 선오후수先悟後修를 주장한다. 종밀선사의 주장과 다름이 없다. 또 이를 예를 들어 설명하길

얼어붙은 못이 모두 물인 줄은 알지만 햇볕을 받아야 녹고, 범부가 곧 부처인 줄은 깨달았지만 법력을 의지하여 익히고 닦아야 한다. 얼음이 녹아서 물이 흘러야만 비로소 물을 끌어대어 씻을 수 있고, 망상이 다해야만 마음이 신령하게 통하여 신통광명의 작용을 나타낼 수 있다.[102]

고 하였다. "흡사 바람은 멈췄으되 물결은 아직 일고 있듯이, 자심보광명지일진법계지도自心普光明智一眞法界之道가 이미 현전하고 있으되 이것을 굳이 대상화하는 버릇이 남아서, (…) 마음을 내어 더 이상 닦지 않고, 오랜 세월이 지나면 여전히 흘러 다니면서 윤회를 면치 못한다."[103] 돈오점수란 한번 도를 얻었다고 그것으로 그치지 않고 그 뒤에도 계속해서 도를 닦아야 함을 가리킨다. 그러고 보면 깨닫기 전의 수행은 진정한 수행이 아닌 셈이다.

---

101 같은 책, 473쪽에서 재인용.

102 같은 곳.

103 같은 책, 475쪽.

⑥통불화회적通佛和會的

청송은 보조국사의 선사상 및 한국선의 기본 특성의 하나로 통불화회적임을 지적한다. 우리나라에 처음 불교가 들어올 때는 통불교적이었지 교니 선이니 하여 교판을 달리하는 것이 아니었다. 불교의 종파가 팔종파八宗派로 나누어진 것은 훨씬 뒷날의 일이다. 게다가 앞에서도 언급했듯이 우리의 불교가 가장 높이 추앙되던 신라 후기에는 의상과 원효의 영향하에 화엄종이 모든 종파를 리드하고 있었다. 화엄종은 불교 최고의 종파로서 그 안에 다른 여러 종파의 교판을 두루 포섭하고 있다. 말하자면 통불교적이다. 그 위에 우리 민족은 지극히 현실긍정적이고 낙천적이다. 이것도 화엄사상과 상통한다고 할 수 있다. 그러니 우리의 민족적 풍토에 적절하게 적응되는 종교를 구상하려면 그런 민족심성과의 일치도 고려해야 할 것이다.

더욱이 현실을 긍정하고 화엄론적이며 교선일치를 주장하는 보조국사로서는 당연히 통불교적 입장을 취하지 않을 수 없었을 것이다. 이것은 그가 선에 있어서도 하나의 선문만을 고집하지 않고 여러 선문의 교판을 두루 섭취한 것으로도 증명되는 바이다. 청송은 보조국사에게는 법장法藏·청량 징관清凉澄觀·이통현·규봉 종밀·의상·원효·임제 종문·덩산德山·하택 신회·보각 대혜선사·굉지 정각·원오 극근·영명 연수永明延壽 등등 수많은 불자들의 영향이 있었으리라고 짐작케 하고 있다. 그리하여 보조국사의 선은 통불화회적通佛和會的임과 동시에 통교파적이라고 해도 무방할 것이다.

불교학자인 윤원철은 청송의 보조국사 연구에 대해 "이 종합적이고 방대한 연구 이후 그 안에 함축된 많은 주제들에 대해 후학들이 다방면에서 활발히 연구를 진작시켜서 지눌이 명실상부하게 한국불교사상사의 가장 중요한 인물 가운데 하나인 이유를 밝혀주었다. 지눌의 선사상에 대한 포괄적이면서도 상세한 규명의 한 효시로서 고형곤의 이 업적은 그 연구사에 큰 족적을 남겼다"[104]고 총평하고 있다.

2) 진각국사

진각국사(眞覺國師, 휘 慧諶 자 永乙 자호 無衣子)에 대한 서술을 청송은 ① 보조와의 인연, ② 보조종지의 계승, ③ 현중현玄中玄의 접화接化의 세 단계로 나누고 있다. ②는 보조국사의 선풍을 계승한 것이지만, ③ 현중현의 접화는 진각국사의 독자적 접화(교화) 방식을 가리킨다.

① 보조와의 인연

청송에 따르면 보조국사가 꿈에 설두 중현雪竇重顯선사가 자기 원院에 들어서는 것을 보고 이상하게 여기던 차에 그 이튿날 혜심이 찾아왔기로 기이하게 생각했다고 한다. 진각국사는 조계산에 새로 수선사修禪社를 개창하여 도의 교화가 한창 번성할 때 보조국사를 찾아와서 그 문하에 들었다.

> 지눌에 사사한 혜심[無衣子]은 지눌의 종지를 계승하여 조계산 수선
> 사 제2세 주지가 되었거니와, 혜심은 종지에 있어서는 지눌의 그것을
> 계승하였으나, 학인을 접화하는 선풍에 있어서는 지눌보다 훨씬

---

104 윤원철, 「청송과 보조 지눌의 선사상」, 『청송의 선과 철학』, 271~2쪽.

더 경절직입문徑截直入門의 종풍에 투철했다. 지눌은 …… 자심경내
에서 자오자증自悟自證하는 이른바 초학자의 문해신입을 중요시하
는 데 대하여, 혜심은 경절활구徑截活句로써 직하에 일초직입一超直
入하는 선풍에로 순화하였다.[105]

② 보조종지의 계승

청송은 혜심이 계승한 보조국사의 선풍을 『선문염송집禪門拈頌集』 및
기타 문집을 참고하여 보조종지의 계승을 일곱 가지로 정리한다. 그
일곱 가지는 모두 화엄법문에 통한다. 다시 말하면 화엄법문을 일곱
가지로 거론하고 있는 셈이다. 그것은 아래와 같다.

가. 진사법문塵沙法門의 일시돈증一時頓證

먼지와 모래도 능히 수미산을 포용한다는 화엄사상을 일시에 깨달아
보인다는 것은 사사무애연기법계를 일시에 자기 마음속에서 깨달아
보인다는 보조국사의 화엄법문의 종지를 계승한 것이다. 청송은 그런
취지의 명제를 진각국사의 문집에서 찾아 보이고 있다.

나. 화엄법계는 비로자나청정법신(毘盧遮那淸淨法身, 我心)의 응용

비로자나는 범어로는 태양을 의미한다. 비로자나불은 화엄교의 교주
이다. 화엄법계는 그 비로자나불의 청정한 법신을 응용한 것이라는
주장이다. 즉 일체만유는 비로자나불의 청정한 법신의 응용일 뿐이거

---

105 『선의 세계』, 361쪽.

니와 그 법신은 곧 나의 마음이라고 한다.

다. 현실적

깨달은 자가 돌아오는 세상은 바로 대중이 사는 현실세계이다. 더욱이 대승불교가 지향하는 것은 깨달은 자가 돌아와서 대중을 큰 배에 함께 태워가지고 이상세계에 가는 것인데 그것은 곧 이 현실세계를 구제하는 것에 다름 아니다. 특히 화엄불교는 이 현실구제를 궁극목적으로 삼고 있다. 이것은 우리나라 대승불교의 기본특색이기도 하다.

라. 법이수연法爾隨緣 – 무가취사無可取捨

법이수연은 모든 사물이 인연에 따라 생멸한다는 뜻이다. 그러니 내가 취하고 버리고 할 것이 없다. 나는 집착 없이 그것을 받아들이기만 하면 된다. 이것은 위에서 말한 현실적이라는 것과 통한다.

마. 일체착상一切著相의 방하放下

일체의 상에 집착하는 마음을 버려야 한다. "원래부터 스스로 묘명妙明한 보리정각菩提正覺의 밝음에 나서려면 착상〔상에의 집착〕 일체를 버려야 한다. 나의 심경으로 하여금 허심탄회 단 하나의 사물도 대상으로 반연함이 없이 일체 방하해 버리고 또 일체 착상을 방하해 버렸다는 생각까지도 마음에 두지 않는다면 단적으로 무심코 원래부터 구유具有한 보광명지普光明智의 공용에 묵묵히 자계自契하면서 임운방광任運放曠 – 때 따라 인연 따라 직용직행한다면 글자 한 획의 가감함이 없이 현실 이대로가 바로 보리 – 원래 묘명한 불성의 현전이라고 한다."[106] 내가 대상을 반연하지 않는다고 대상세계가 없어지는 것도 아니고 그러면 그럴수록 세계는 본지풍광으로서 현전한다.

바. 일념원구십법계─念圓具十法界

집착하지도 않고 단멸하지도 않으면 곧 삼제(三際; 과거·현재·미래)에 아무 자취가 없을 것이다. 일념에 십법계[十法界, 십은 지옥·아귀·축생·수라·인·천·성문·연각·보살·불을 가리키고, 법계란 만유의 모든 영역을 말한다]를 원만하게 갖추어 인因도 아니고 과果도 아니면서 인도 되고 과도 되는 법이다. 현전 일념에 십법계가 원만하게 갖추어져 있다는 것이다.

사. 실상實相은 삼라만상의 유일현전

일체의 집착을 버리고 나면 삼라만상의 실상은 있는 그대로 현전한다. 그 현전세계를 보광명지라고 한다. 이러한 일신독로─身獨露의 삼라만상─내현재전乃現在前의 유일현전으로서의 이 현실세계는 무심에서 그대로 드러나는 것이다. 그것이 세상의 상주하는 실상이다. 법계는 지智의 세계로서 인간의 본질적 사유(了悟)에서의 존재현전이다.

③ 현중현玄中玄의 접화

여기에서 청송은 진각국사의 독자적 교화방법을 다루고 있다. 현중현이란 현현玄玄과 같은 것으로 지극히 심원하다는 뜻을 드러내는 용어일

---

106 같은 책, 506쪽.

터인데 청송 자신이 지은 말인지 진각국사의 말인지는 모르겠다. 그것
을 정리하면 아래와 같다.

가. 시적 표현

시적 표현은 산문과는 달리 표현과 표현되는 것 사이를 분리하지 않고
직설적으로 보여주기 때문에 선에서 선용하는 표현양식이다. 청송은
진각국사의 시 가운데에서 몇 개를 골라서 보여주고 있다.

나. 간화선적

보조국사의 선풍이 간화선적이라는 것은 위에서 지적한 바 있다. 진각
국사의 선풍 역시 간화선적임은 불문가지이다. 그것도 보조와 마찬가
지로 원오, 대혜의 간화와 동일하다.

다. 향상일로向上一路의 말후일구자末後一句子

마지막으로 깨닫기 위한 한 길을 오르고 보면 말후일구자, 즉 최후의
한 구절은, 마치 바람에 흔들리는 대나무 그림자가 뜰을 쓸지만 먼지
하나 일지 않고 달빛이 바다 속을 뚫고 들어갔으나 물에는 흔적을
남기지 않는 것처럼, 무심에서 보면 세상은 본지풍광으로 여여하게
스스로 있다는 것이다. 즉 최후의 한 구절은, 무심에서 본 세계의
실상은 존재현전이라는 것이다.

라. 실참실오實參實悟

진각국사의 선풍은 임제 의현臨濟義玄선사가, 깨치고 보니 그 "스승

황벽의 불법이란 별 것 아니로구나"라고 고백하였듯이, 이치를 따져서
아는 것이 아니라 실지로 그 경지에 뛰어들어서 깨치는 것을 말한다.

마. 직하(直下, 端的)

진리를 얼기설기 번거롭게 뜻을 풀고 알음알이로 아는 것이 아니라
그런 지혜를 일도양단으로 다 끊어버리고 단적으로 보라는 것이다.

3) 보조법맥普照法脈의 계승

"보조국사에 의하여 비로소 창설되고 진각국사에 의하여 더욱 경절직
입[徑截直入＝단도직입]의 선풍에로 승화된 수선사 조계선(해동조계
종)의 종지는 제3세 청진淸眞 → 제4세 진명眞明 → 제5세 자진慈眞
→ 제6세 원감圓鑑 …… 제10세 묘명妙明 등에로 대대계승하여 승법사원
承法嗣院되었다"[107]고 하면서 청송은 13명이 국사이고 16명이 법을 이었
다고 하는『조선금석총람』의 기록을 인용해서 싣고 있다. 그는 이
총람 이외에 여러 탑비와 기타 문헌을 인용하여 진명국사(휘 混元)·일
연(一然, 휘 見明, 普覺國尊)·혼구(混丘, 寶鑑국사, 자 丘乙)·천영(天英,
시 慈眞국사, 晦堂)·충지(沖止, 시 圓鑑국사)·담당국사(湛堂, 휘 聖證,
호 越溪)·만항(萬恒, 慧鑑국사, 妙明존자)·복구(復丘, 시 覺眞국사, 자호
無能)·홍진(弘眞, 휘 慧永) 등에 관해 서술하고 있다. 거기에 이어
청송은 부록으로 요세(了世, 圓妙국사)·천인(天因, 靜明국사)·운묵(雲
默, 자 無寄 호 浮庵)에 관해 언급하고 있다. 이상은 여말麗末까지의

---

107 같은 책, 542쪽.

선사들이다.

3. 근·현대 한국 선(백파·초의·추사)

청송의 한국 불교 관계 논문은 위에 적은 「해동조계종의 연원 및 그 조류」 외에 두 가지가 더 있다. 그 하나는 「추사의 백파망증 15조에 대하여」(1975, 대한민국 학술원)이고 다른 또 하나는 「추사의 선관」(1979, 영신 아카데미 한국학연구소)이다.

「해동조계종의 연원 및 그 조류」를 써서 한국 선의 창시자로서 보조국사를 서술하고 거기 이어 진각국사와 그 뒤 여말까지의 선사들을 언급하는 것을 보고 혹시 이것은 한국의 선의 역사, 한국 선종 사상사를 쓰려는 것은 아닌가 하고 기대하는 독자가 있을는지 모른다. 만일 조선조 초·중기의 선불교를 철학적 측면에서 정리하였더라면 "한국 선사상사"가 될 수도 있었음직하다. 그러나 그런 의도는 청송에게 전혀 없었던 것 같다. 그는 본디 역사가가 아닌 터에 역사적 서술에 대해서는 무관심했다. 그럼에도 19세기에 제기된 선에 관한 논쟁에 대해서는 못 본 척할 수 없었던 모양이다. 이 논쟁은 한국의 선을 연구하는 사람으로서는 간과할 수 없는 것이기도 하다.

19세기에 제기된 선 논쟁은 유가와 불가 사이에 일어난 것으로서 시대적 상황을 반영한 점이 없지 않지만, 억불정책에 눌려 거의 숨을 죽이다시피 한 불교가 삼남지방을 중심으로 꾸준히 연구되었기로 그것이 지인들 사이에 편지형식으로 표출된 것인 듯하다.

「추사의 백파망증 15조에 대하여」는 19세기 삼종선三種禪의 분류와 선의 정체성에 대한 견해차로 시작된다. 즉 이 논쟁은 백파 긍선(白坡亘璇, 1767~1852)이 그의 『선문수경禪門手鏡』에서 선을 조사선祖師禪, 여래선如來禪, 의리선義理禪으로 나누고, 조사선과 여래선을 격외선格外禪이라 하고 의리선을 그보다 낮은 단계의 선이라고 한 데서 발단했다. 선을 이렇게 분류하는 의도는 당시 선교겸수와 교학중시 및 화엄교학의 성행을 못마땅하게 여긴 백파가 선을 우위시하는 입장에서 조사선과 여래선을 격외선에 넣고 뜻과 이치를 존중하는 의리선을 그 아래 단계로 여겼던 것이다. 말하자면 선을 위에 놓고 교를 그 아래에 놓았던 것이다. 이런 백파의 선 구분에 대해 초의 의순(草衣意恂, 1786~1866)은 그의 『선문사변만어禪門四辨漫語』에서 종래의 통념대로 선과 교가 동등함을 전제로 조사선=격외선, 여래선=의리선으로 보는 태도를 견지하면서 백파의 오류를 조목조목 반박하였다.[108] 한마디로 말하면 이 논쟁은 선 우위론과 선교병행론의 두 입장이 부딪치면서 일어난 것이다. 그 뒤 추사 김정희(1786~1856)가 편지로 백파의 선사상을 15개조로 나누어 신랄하게 비판했다. 이런 비판에 대한 후학들의 옹호와 반발은 그 뒤에도 이어져서 조선조 후기의 선 논쟁으로 전개되었다.

백파와 추사 사이에는 거의 20년의 나이 차이가 있다. 두 사람 사이에는 자주 서신을 통해 선에 관한 견해를 교환한 듯한 어투가 여기저기 보인다고 한다. 이 추사의 편지는 추사가 1840년 제주도로 유배되어 9년간 머무는 동안에 백파에게 보내진 것으로 짐작된다. 유배생활의

---

108 김용태, 『청송의 선과 철학』, 「추사와 백파 논쟁에 대한 청송의 이해」, 283~284쪽 참조.

울분을 백파를 향해 토해 놓았다고 이해하는 사람도 있다.

청송의 논지는 1. 서론에서 백파의 삼종선의 분류에 대한 초의의 비판과 기타 백파의 저술을 통해 백파와 초의의 선관을 개관하고, 2. 거기에 이어 추사의 15조목에 걸친 백파비판을 그 순서에 좇아 낱낱이 검토한다. 불행히 이에 대한 백파의 반론은 청송이 이 논문을 쓸 때까지는 발견되지 않아 참고하지 못했다. 그러나 그 뒤 백파가 추사에게 보낸 두 통의 편지가 발견되고(『少林通方正眼』의 答金參判正喜) 이것이 논문으로 발표되어 그 대요를 알게 되었다.[109] 백파의 그 반박편지를 못 보았어도 청송은 충분히 백파의 입장을 배려하고 있다. 초의와 추사는 거의 비슷한 견해를 가진 것 같다. 「추사의 선관」(1979)은 이런 연관 속에서 추사의 선사상을 별도로 정리한 것이다.

청송은 추사가 제기한 망증 15개조를 하나하나 거론해서 그 당부를 가려서 판정을 내린다. 다시 말하면 청송은 심판자의 입장에서 백파와 추사의 견해를 세밀하게 검토하여 그 진부를 가려낸 것이다. 당시의 상황과 선불교의 교리 등을 참작하고 추사의 고증학자로서의 감식안 등을 넓게 고려하면서 더러는 안타깝게 더러는 신랄하게 평가하는 청송의 해박하고 깊은 안목이 돋보인다. 그것을 다시 김용태는 「추사와 백파 논쟁에 대한 청송의 이해」에서 그 순서대로 청송의 판정을 요약, 발표하면서 "고증학의 대가인 추사의 탁월한 비판능력과 선종 이해의 수준을 학술적으로 평가하고 조명하게 된 것은 청송 고형곤의 선구적 연구에서 비롯되었다. … 청송은 선의 세계에 대한 심미안을 통해

---

109 한기두, 「조선후기 선 논쟁과 그 사상사적 의의」, 『伽山李智冠華甲記念論叢: 韓國佛教文化思想史』 上, 1992; 김용태, 앞의 논문, 297~311쪽 참조.

추사의 사유를 종횡으로 관통하였고 그에 대한 긍정과 부정의 구체적 입장을 개진하였다"[110]고 결론하였다. 그러니 여기서 「추사의 백파 망증 15조」를 다시 요약할 필요는 없을 것 같다.

그러나 추사의 백파비판이 더러는 예의를 벗어나고 더러는 헛발질을 한 것 같은 대목도 있으며 더러는 사리에 맞지 않는 지적도 하고 있어 이것을 책망하다시피 지적한 청송으로서는 추사비판을 다시 검토하고 싶은 심정이 일었을 것이다. 청송은 추사를 누구보다도 사랑하고 존경 했다. 그런데 그런 추사의 선관에 대해서는 청송은 전번보다 더 서릿발 같은 비판을 가했다.

「추사의 선관」에서는 망증 15조에서 이용한 자료와 함께 그 외의 다른 자료도 이용하여 무려 10여 조목에 걸쳐 추사의 선관을 비판하고 있다. 그 한 예를 보면 다음과 같다.

백파를 그렇게 심하게 헐뜯고 비난하던 추사가 막상 「백파비문」에 서는

> 혹은 '기용機用이니 살활殺活이니 따위를 지루하게 중언부언 이론적 천착만을 일삼고 있다'고 백파를 비난하는 이가 있을지 모르나 이는 크게 잘못이다. 무릇 범부를 대증치병對症治病하는 데에는 살활·기 용 이외에 다시 다른 방편이 없고, 팔만대장경이라 할지라도 그 어느 한 구석치고 이 살활·기용이라는 대경대법大經大法을 벗어나는 대목이라곤 하나도 없다. 그렇거늘 사람들은 공연히 이 뜻도 모르고 '백파는 살인도殺人刀니 살인검殺人劍이니 따위로 이 언어도단처를

---

110 김용태, 앞의 논문, 『청송의 선과 철학』, 311쪽.

형상으로써 보려는 집상병執相病에 걸려 있다'고 백파를 헐뜯고
있으나, 이는 흡사 하루살이가 거목을 물어뜯는 것과 같도다. 이
어찌 백파를 바로 본다 하리오. 일찍이 나와 백파 사이에 설왕설래
논란을 거듭한 일이 있었으나, 여느 세인들이 이러쿵저러쿵 백파를
헐뜯는 망동과는 판이하게 다르다. 이 대목은 오직 백파와 나만이
아는 대목이다. 아무리 수천언만어數千言萬語 입이 닳도록 타일러
봤자 해오解悟하는 자가 없도다. 한스럽구나! …[111]

라고 적고 있으니 망증 15조목으로 마구 비판하던 모습과 이 비문에서
적은 모습 중 어느 것이 백파를 향한 추사의 참모습인지 헷갈린다.
청송은 "이 대목은 오직 백파와 나만이 아는 대목이다"라고 한 문장을
추사가 자기의 선관이 백파의 그것과 계합일치契合一致한다는 것을
피력한 것이라고 해석하면서

어찌 이렇게 백팔십도의 전향이 있을 수 있을까? 이 비문의 표현과
서간 및 망증 15조에서 신랄하게 반박하던 논조를 대비하여 볼
때, 미상불 모순된 점이 적지 않다. 혹시 그 사이 10여년 격장 이후이
므로 추사의 백파관에 변화가 생긴 것이 아니냐고 할지도 모르나,
그 강경한 논조와 신념으로 보거나 그의 성품으로 보거나 그 동안에
추사의 선관에 변화가 일어나서 백파의 선관에 대하여 백팔십도
전향을 했다고 볼 수는 없다. 아마도 이미 고인이 된 백파를 비문에서
까지 헐뜯을 수는 없었기에 비문의 관례에 따라 추앙한 것이나

---

111 『선의 세계』, 687쪽.

아닐까 한다. 그렇다 하더라도 이 역시 추사의 인품에 흠이 간다. 진실로 이 대목은 헤아리기가 난감한 일이다. 좌우간 망증 15조는 추사의 실수가 이만저만이 아니다. 추사의 생애에 일대 오점이라 아니할 수가 없다. 그처럼 추사를 좋아하던 나로서는 참 안타깝고 민망스러운 일이다.

그러나 비록 선리禪理 담론에 있어서 이론상으로는 허다한 오류가 있다손 치더라도, 서예와 회화 또는 서제書題와 화제畵題에 담긴 선풍이나 그의 행리로 보아, 추사는 분명코 직절입묘直截入妙의 선객임에는 틀림이 없다.[112]

라고 결론짓는다.

　나 같은 범인의 입장에서도 이런 추사의 태도는 이해하기 곤란하다. 차라리 비문을 쓰지 말든가 이왕 쓸 바에는 솔직담백하게 "내가 선생을 그토록 심하게 비난한 것은 연치의 차이로 보나 학문적 논쟁의 모럴로 보나 지나친 점이 많으니 이제 용서하고 편히 쉬시리라"고 할 일이지 어물어물 '나와 백파만이 아는 일'이라고 호도함으로써 정직을 제일의로 하는 유자儒者로서의 금도까지 저버린 것은 학문과 예술의 대인으로서 취할 태도가 아니다.

---

112 같은 책, 688쪽.

5장 청송의 실천철학

위의 서술에서도 수차 지적한 바 있지만 청송의 선은 그냥 이론에 머물지 않고 실생활에 그대로 연장되어 있다. 즉 청송의 일상생활은 그대로 선적이었다. 첫째, 그는 지금 이 세상의 이 현실을 절대적으로 긍정하면서 살았다. 평소 "조오손祖吾孫 3대에 걸쳐 세상구경 잘 하고 간다"고 하면서 저 세상이 따로 없음을 굳게 믿었다. 그럴수록 한 번밖에 없는 이 인생을 후회 없이 살려고 애썼다. 그는 매우 낭만적이고 솔직담백했다. 허위와 위선을 몹시 싫어해서 도덕 군자연 하는 것을 위선으로 간주했다. 그렇다고 반윤리적이거나 비도덕적인 것은 아니었다. 그 양상이 선적이었을 뿐이다. 그 선적 생활방식은 더러 파격으로 비칠 수도 있다.

1. 선적 정서와 행위: 무미無味

위에서 살펴본 청송의 철학에서 도출할 수 있는 바로는 그의 실천적 원리는 두 가지이다. 하나는 지금 전개되고 있는 이 현실에 대한 절대적 긍정이며, 또 하나는 주객분리의 지양이다. 전자의 경우는 그러나 이 세상에 오직 한 번 살고 가는 인생에 대한 태도이지, 가령 정치라든가 경제적 현실에 대한 무비판적 추종이 아님을 알아야 한다. 정치는 의지의 산물이다. 그 면에서 청송은 매우 강한 개혁의지를 가지고 있다. 그래서 박정희의 군사 독재정권에 저항하여 한때 옥살이도 했으며, 제1야당의 사무총장도 하고, 선명야당인 명정회明政會를 이끌기도 했다. 현세에 대한 승당은 앞에서도 살펴본 바 있다. 그보다도 청송의 실천철학이 선명하게 드러나는 대목은 능·소, 주·객을 분리하여 대상화하는 것을 지양하는 태도에서이다.

한 예로 효도의 경우를 보자.

옛날 한 고을에 이름난 효자가 있었다. 그는 저녁에는 잠자리를 살펴드리고 새벽에는 문안드리며, 10리 밖을 나갈 때는 반드시 행방을 고하고 출타하신 어버이를 동구 밖까지 나가서 맞이하는 효자였다. 하루는 이 효자가 자기만한 효자가 또 있는지 알아보기 위해 길을 나섰다. 어느 고을에 이르자 진짜 효자가 있다고 누가 소개했다. 그 효자라는 사람의 집을 찾아갔다.

때마침 이 효자는 집채더미만한 나뭇짐을 짊어지고 숨 가쁘게 사립문을 들어서는 것이었다. 행색도 주제꼴도 보잘것없는 데다 한 여름이었던지 땀을 뻘뻘 흘리면서 지개를 벗지도 않고 벌렁 뒤로 넘어져서는

"엄마 물 줘!" 하고 외친다. 그러자 늙은 어머니는 허둥지둥 냉수 한 그릇을 떠다주곤 대야에 찬물을 떠 가지고 와서 아들의 발을 씻어 준다. 아들은 미안한 기색도 없이 그것을 즐기고 있다. 이름난 효자가 보기에 그 광경은 참으로 해괴망측하기 그지없다. 그는 못 볼꼴을 본 듯 돌아서고 말았다.

그는 나무꾼을 효자라고 소개한 사람을 찾아 가서 그것이 무슨 효자냐고 항의했다. 그러나 그 소개자는 도리어 "효라는 것이 별거냐. 부모의 마음을 즐겁게 하는 것이 효가 아니냐? 아들의 발을 씻기면서 그 어머니가 얼마나 만족하고 즐거워하더냐?"고 반문한다.

이 이야기를 한낱 우화라고 하면서도 청송은 진정한 효는 부모와 자식 사이에 나는 부모니까 나는 자식이니까 하는 구별의식이 없이 사랑에서 일치하는 데 진정한 효가 있을 수 있으니 어버이 친親자의 올바른 뜻은 거기에 있다고 해설한다. 불교식으로 말하면 이것이 '무공용無功用의 공용功用'이요, '무주상無住相의 보시布施'이다.[113]

부모의 금혼식에 이미 중년이 된 자녀들이 색동저고리를 입고 엉금엉금 기는 모습을 보이는 우리의 풍습도 부모를 즐겁게 하기 위한 행위일 수 있다. 부모 앞에서 자식은 언제나 어린이인 것이다. 부모는 자기는 늙어가면서도 자녀가 늙는 것은 못마땅하게 생각하는 것도 같은 심정일 것이다.

효 개념이 유교의 산물이긴 하지만 그것을 강조하는 나머지 지나치게 형식화돼서 혼전신성昏定晨省을 효의 본질이라고 생각하는 것은 본말

---

[113] 같은 책, 690~692쪽 참조.

이 전도된 것이다. 부모형제를 여의고 출가하는 데서 시작하는 불교에 애당초 효 개념이 있을 리 없다. 『부모은중경父母恩重經』이라는 것도 유교국인 중국에 거부감을 줄이기 위해 만든 위경이라고 하지 않는가? 그런즉 불교의 효 개념은 가장 자연스런 친親에서 찾을 수밖에 없을 것이다.

무행지행無行之行 무념지념無念之念이 선의 요체라고 하는 청송은 대상화하여 주객을 능소로 대립시키는 것을 금기시한다. 그것이 모든 미혹의 근원이라는 것이다. 보시의 경우도 베푸는 자와 받는 자가, 각기 주고받는다는 의식 없이 그냥 베푸는 행위만이 있어야 진정한 보시라고 한다. 특히 사랑의 경우가 그렇다. 나는 남자로서 저 여자를 사랑하니까 선물을 하고, 나는 여자로서 저 남자를 사랑하니까 그 도리로 이 일을 해야 한다는 의식 없이 그냥 사랑이라는 점에서 두 사람이 일치하는 것이 진정한 사랑이라고 한다. 부부의 도리를 따지고 남편과 아내의 의리와 역할을 가려서 하는 사랑은 사랑이 아니라 계산이라는 것이다.

애정의 극치는 모성애이다. "주는 것만이 기쁘고 받기는 아쉬운 것이 애정의 본질이다. 자식 사랑하는 어머니의 애정은 바로 이 애정의 본질을 갖추어 가졌다. 물불을 헤아리지 않고 심신을 통틀어 바치는 것이 모성의 애정이다. 그리고 여기에서 기쁨을 발견하는 것이 모성의 애정이다. 여기에는 주기만 하고 받기는 아예 생각하지도 않는다. 여기 이 애정 속에서 진실이 발효하고 있다. 진실은 생각과 행동 사이에 일호말一毫末의 간격이 없이 일치할 때 거기에서 승화하는 뽀얀 입김이다."[114]

집을 버리고 나간 승려에게 사랑이라는 것은 집착에 불과할 수 있다. 그렇기로 사랑이라는 자연스런 감정을 없앨 수는 없을 것이다. 그것은 정신적 성 제거, 반자연이다. 종교가 어떻게 그렇게 반자연일 수 있을까? 다만 그것이 지나치게 형식화되고 인위적으로 흐르는 것을 경계할 뿐이다. 여색을 멀리하는 독신 수행자가 사랑을 한다는 것은 도리에 맞지 않는다. 그렇다고 사랑의 감정을 없애는 것은 반자연이다. 그러나 자연스런 것을 강조하여 반인륜적으로 되는 것은 곤란하다.

현세를 긍정하는 청송이 입버릇처럼 하는 말이 있다. "조오손祖吾孫 삼대三代에 걸쳐 세상구경 잘 하고 간다." 인생에서 기쁨을 기쁨답게 하기 위해서는 슬픔도 있어야 간이 맞는다고 하는 청송으로서는 슬픔도 긍정하지 않을 수 없고, 봄의 화사한 날씨가 있으려면 겨울의 모진 눈보라와 삭풍朔風도 있어야 한다고 보는지라 삶의 아름다움을 위해서는 죽음이 있어야 한다. 죽음이 없는 삶은 조화와 다를 것이 없이 향기가 없다고 한다. '세상은 살기 탓'이라는 글이 있다.

그대들은 수월하고 기쁘게 살고 싶습니까? 구태여 애써가면서 괴롭게 살고 싶습니까?
그 누구도 괴롭게 살고 싶지는 않을 것입니다. 그러나 세상은 마냥 기쁘기만 한 것도 아니며 마냥 괴롭기만 한 것도 아닙니다.

114 『하늘과 땅과 인간』, 1997, 운주사, 142쪽.

세상은 살기 탓! 기쁘게 사는 것도 내 탓이요, 괴롭게 사는 것도 내 탓입니다. 고난은 항상 밖에만 있는 것이요, 기쁨은 오로지 내 마음 속에서만 깃드는 까닭입니다. 세상은 원래 희비의 쌍주곡입니다. 채플린의 희극 속의 비극은 이 세상의 모습을 잘도 표현한 아이러니입니다. 요는 우리가 어떠한 시추에이션에 서 있던 간에 상대방을 이해하고 동조하는 긍정적 태도를 취하느냐, 힐난과 알력으로 배척하는 부정적 태도로 임하느냐의 그 자세에 있습니다.

옛날이야기 ─ 죽이 끓든가 밥이 끓든가에는 아랑곳없이 매양 사색에만 열중하고 있던 철학자 소크라테스를 보다 못해, 화가 머리끝까지 치밀은 그의 아내는 물바가지를 그의 머리 위에 뒤엎어 버렸습니다. '아, 시원하다! 하마터면 머릿속에 불이 붙을 뻔했던 참에'(너무 사색에 열중했기 때문에) ─ 이것이 소크라테스의 응수였습니다. 이것은 분노를 유화로 전환시키는 아이러니컬한 교훈입니다. 원수를 원수로 보복하면 그 보복이 또 원수를 사고 ……[115]

유화와 알력이라는 상반되는 두 현상은 비단 심리적 현상에 그치지 않고 바로 생리적으로도 영향을 미친다고 한다. 그 예로 청송은 즐겁게 환담하면서 하는 식사는 소화가 잘 되지만 책망을 들으며 먹는 음식은 그렇지 못하다는 것이다.

세상을 구경하듯 하는 태도는 어쩌면 진지하지 않고 무책임하다고 나무랄 수도 있겠으나 집착을 버리라고 하는 그는 그것이 가장 자연스럽

---

[115] 같은 책, 229~230쪽.

게 여겨졌을 것이다. 인위적이고 형식적인 것을 싫어하는지라 공자는 존경하되 유교의 형식적 윤리는 별로라고 생각한다. 그래서 점잖은 사람들에게는 그의 언행이 더러 파격으로 비치기도 한다. 그가 회갑을 맞이하면서 쓴 글은 그 예이다. 그는 그 글에서 회갑연이 갖는 사회적 보시를 찬양하면서 마지막에

내가 회갑이 된다면 나는 ……,
그러나 내가 내 자녀들에게 어찌 이런 말을 할 수가 있으리오만
—
터를 바꿔서 내가 만일 어버이의 회갑을 맞이했다면 나는 이렇게 마련하겠다.
18, 9세의 어린 기생을 대동, 고운 초록색 두루마기에 제트비행기를 타시고 해운대쯤 가셔서 하룻밤만 묵고 오시도록 — 이때에 수행은 절대 금물.[116]

실지로 청송은 세상을 구경하듯이 그렇게 낭만적으로 살았다. 생전에 유언하듯이 나한테 간곡하게 당부한 말이 있다. "나 죽거든 묘 앞에서 장사지내기 전에 흐드러지게 한바탕 놀아라. 기생을 불러다가 놀아도 좋고…. 거기서 아이고 때고 우는 것은 정말 보기 거북하다." 그는 이 말을 여러 번 되풀이했다. 그러나 그의 뜻대로 되지는 못했다. 우선 내가 상주가 아닌 터에 전례가 전무한 이 일을 어떻게 상주에게 옮긴 단 말인가? 설사 내가 상주였더라도 그것은 도저히 감행할 수

---

116 같은 책, 64쪽. 「멋진 수연」.

없었다. 만고의 불효가 아니고서는 불가능한 일이다. 청송 자신도 그것을 모르고 그런 말을 했을 리 없다.

그것이 실현되고 안 되고 어쨌든 청송이라는 분은 그렇게 멋을 찾고 낭만적으로 사신 분이다. 그렇다고 만석꾼의 아들로 팔자가 좋아서 멋대로 사신 분은 아니다. 실패도 있고 고민도 있었다. 그는 남방토인南方土人의 영가에서 슬픔을 듣는다고 하나 그가 가장 즐겨 듣는 우리의 남도창에는 슬픔의 절규가 배어 있다. 그는 "운명은 슬프고도 아름답기까지 한 것이 아니던가? 슬픔은 미의 고향이요 숙명의 왕국"이라고 한다.[117] 자기의 죽음까지도 즐거움 거리로 삼는 이 천성은 어디에서 오는 것일까?

그는 솔직담백한 것을 좋아한다. 위선적인 것, 더 나이 먹었다고 해서 어른 대접 받으려고 하는 것 따위는 싫어한다. 그것을 좋아할 사람이 어디 있으랴만 청송의 경우는 유별나다. 나는 이 책 앞부분에서 어렸을 적 한문사숙의 제당霽塘 선생에 관해 이야기한 바 있다. 그는 청송이 공교육을 받기 위해 초등학교와 농림학교에 다닐 때 무료하면 가끔 옛날 애제자를 찾아와서 회포를 풀고 했던 모양이다. 늦게 아내를 얻어 가정을 꾸몄으나 자기는 늙고 아내를 즐겁게 해줄 수 없었던지 양말 짜는 기계를 사줬다고 하면서 "내가 늙었으니 무슨 재미로 살겠느냐. 무료를 달래라고 그 기계를 사줬다."고 하더라는 것이다. 어린 옛 제자에게 이렇게 허물없는 제당 선생을 주책없다고 할 수도 있을

117 같은 책, 140쪽.

것이다. 그러나 청송은 그런 인격을 '연 잎에 구르는 아침이슬'이니 '천의무봉'이라고 찬탄한다. 청송 자신이 바로 그런 인격의 소유자이기도 하다.

청송의 수필에는 자연에 대한 찬미와 여자와 술 이야기가 많다. 그의 자연 묘사는 일품이다. 「첫 봄의 감각」 한 대목을 인용해 본다.

산기슭 해동되기 시작한 언덕은, 고운 여인 분바른 이마에 땀방울이 송알송알 스미듯이, 아침 햇볕의 금〔線〕 따라 촉촉이 녹아들어가고, 황토백이 다박솔밭 종달새 열씨 까는 소리에 첫 봄은 하늘가에서 뱅글뱅글 돌고만 섰다. ― 이것은 산기슭에서의 첫 봄 ―
시냇가 여울물엔 유리종이보다도 더 엷은 살얼음이 그래도 제법 매서웁게 수면을 침범하려는데, 푸른물은 완강히 얼음을 거부한다. 첫 봄은 이 푸른 물과 살얼음 사이의 밀치락 닫치락하는 경계선에서 채 들어서지도 못하고, 그렇다고 나서지도 못한 채 자못 무안한 양 무춤무춤 수줍어한다. ― 이것은 여울물에서의 첫 봄 ―
시절감에 재빠른 호사객들은 눈구덩이 속에서 냉이 뿌리와 물쑥을 캐어다가 봄을 시식하고, 머언 세배 길 등 넘어 응달길을 걷는 고무신짝에는 얼어 부풀었다가 녹은 진흙이 엿가락과 같이 쭉쭉 늘어붙는다.
쫓겨가던 찬바람은 대열을 벗어난 패잔병과 같이 아낙네들의 스프링 자락 팔소매 속으로 살살 기어든다. 오소소하니 추운 양 소름이 쫙 끼친다. 확실히 이단자이거든! 홋홋이 다루어진 고운 연지 볼

(頰), 다수한 그 팔오금에!

전선줄에 한겨울 동안 칭칭 감겼던 연 꼬리는 제법 개선사단의 깃발인 양 펄렁펄렁 해방의 노래를 부르고, 밭둑길 노을은 애인의 입김같이 나무 가지가지에 생명의 숨길을 불어 넣는다.

농촌 출신이 아니고는 첫봄 시냇가의 얼음이 유리종이보다 얇다는 것, 시냇가의 그 물색이 푸르다는 것을 잘 모른다. 자연에 대한 관찰도 저만큼 하기가 쉽지 않다. 그만큼 그는 인위보다는 자연을 사랑한다. 자연에 안기기를 즐기고 여자와 술을 좋아한다는 것은 그가 낭만적이라는 것을 말한다. 게다가 그는 음악을 좋아하고 고미술과 골동품을 감상할 줄 알며 영화 관람을 즐겼다. 더러 시도 썼고 젊어서는 문학청년이었다. 그만큼 그는 예술적이었다. 이 이상 그의 낭만을 증명할 필요는 없을 것이다. 그는 아마 20세기의 마지막 낭만주의자였을 것이다.

2. 청송의 여성관

청송은 인생의 끝마무리 정리를 겸해서 젊었을 적 여인담 두 가지를 토로하고 있다. 1975년에 출판된 『하늘과 땅과 인간』에는 없는 이 회고담이 1997년에 개정된 『하늘과 땅과 인간』에 실려 있다. 그 하나는 저 앞에서도 소개한 바 있는 미스 노와의 스스럼없는 몸 접촉과 마음과 마음의 교관, 그리고 그 뒤 소식 없이 끝나 아쉬움을 남긴 이야기를 적은 「만물상에 심은 정」이라는 회상기[118]이고, 또 하나는 「나의 첫여인은 사형수 김수임金壽姙」이라는 제목으로 이 책에 여록으로 실린 끝이 매우 슬픈 연애담이다.

> 인간생활 중에서 가장 고귀한 값어치가 있는 것이 있다면 그것은
> 정서의 세계요 또 그중에서도 가장 고귀한 것이 애정이다. 그러므로
> 애정은 인생의 꽃이다.[119]

그 애정 중에서도 가장 마음을 태우는 것은 남녀 간의 사랑이거니와 특히 첫 사랑은 미숙하고 풋풋하기 때문에 비련으로 끝나기 마련이다. 그의 20대 초반, 그러니까 1920년대 중후반 무렵이었던 것 같다. 시골 농투성이로 태어난 농업학교 출신으로 서울에 갓 올라와서 아직 서울 물정에도 익숙하지 못한 청년이 겪은 첫 연애담, 훌쩍 큰 키에 미남인 데다가 경성제국대학 예과생 모자를 썼으니 처녀들이 그냥 두고만 보고 있진 못했던 모양이다.

그때 그는 안국동에 있는 외척집에 유숙하면서 종로에서 전철로 동대문까지 와서, 청량리에 있는 예과까지 가는 단선 전차로 갈아타곤 했던 모양이다. 자리에 앉자마자 묘령의 여인이 옆에 와서 앉는데 번번이 자기의 소속과 이름이 적힌 전차 정기권을 우정 보라는 듯이 들곤 하더라는 것이다. 객관적으로 보면 그것은 일종의 유혹이었다. 청송은 거기에 말려든 것이다. 엽서를 띄워 데이트를 신청했던 모양이다. 정동에 있던 이화여전 기숙사로 오라는 것. 약속 시간에 갔더니 그녀는 2, 3분 늦게 머리를 매만지면서 오더라는 것이다. 여자가 남자

---

[118] 같은 책, 145~148쪽
[119] 같은 책, 141쪽.

앞에서 머리를 매만지는 것은 호의의 표시라는 것은 청송의 해석이고, 어쨌든 여기까지는 좋았다.

그런데 뭐라고 첫마디를 뗄까, 말문이 탁 막혀버린 것이다. 당사자로서는 1초 5초 … 1분, 5분, 아니 족히 자기의 체감으로는 20~30분은 지나는 것 같았다. 마침 그때 벽을 보니 밀레의 '만종'이 걸려 있더라는 것. 전광석화 같은 아이디어가 떠올라서 한 첫마디가 "저 그림에서 만일 인물이 하나만 빠졌더라면 저 그림은 생명을 잃었을 뻔했습니다." 그런데 여인의 반응은 냉랭하기 그지없다. "나는 그 둘 중 하나가 빠졌더라면 훨씬 돋보였을 것으로 생각하는데요!"이것으로 촌티가 안 떨어진, 그 꾸어다 놓은 보릿자루는 그만 딱지를 맞고 말았다.

해방되던 45년의 다음해 어느 일요일 청송은 이양하와 함께 모윤숙과 김수임을 점심에 초대했다. 그때는 청송도 여자관계에 노숙해져서 "미스 김은 여전히 예쁘군요!" 하니까 궁색한 표정으로 "여자는 미장원엘 다녀오면 두세 살은 젊어져요!" 하더라는 것. 그것으로 청송의 첫 여인과의 일장설화는 막을 내렸다.

그 뒤 김수임은 미군정의 고급 장교와 동거생활을 하는 한편으로 이강국李康國과 정을 통하고서 기밀첩보를 하다가 발각되어 사형선고를 받고 형장의 이슬로 사라졌다. 이강국은 박헌영과 함께 남한의 거물 공산당원이었다. 이 사건은 정판사精版社의 화폐위조 사건과 함께 그때 미군정과 남한을 발칵 뒤집어 놓은 큰 사건이었다.

그런데 뒤에 들으니 김수임은 고아로 미국인 선교사 손에 자라서 이화여자전문학교까지 다녔고, 동대문에서 전철을 갈아타고 다닐 때는 창신동에 있는 어느 미션스쿨인 초등학교 교사로 아르바이트를 하였다는 것이다. 자기와 연이 닿지 않아 사랑을 성공시키지는 못했지만 어쨌든 20대초의 젊은이로서 처음으로 연심을 품었던 여인이 저렇게 불행한 인생으로 태어나서 그렇게 비극적으로 끝을 맺었다는 것은 당사자로서는 가슴 아픈 일이다. 이양하와 모윤숙마저 떠나고 없는 이 세상에 홀로 남아서 이 글을 쓰는 정 많은 청송은 속으로 많이 울었을 것이다.

위의 이야기 두 편은 젊은 시절 청송 자신이 체험한 연애담이지만 청송은 여성 예찬론자이다. 무슨 일을 긍정적으로 보는 사람은 그 일의 긍정적인 면을 보기 마련이다. 낙관론자는 인생과 세상의 밝은 면을 본다. 청송이 보는 여성은 젊고 생기발랄하고 장래에 대해 진취적이고 더러는 당돌한 여성이다. 창조주(자연)가 최후의 터치를 마치고 이제 막 손을 뗀 작품이라고도 한다. 예쁘게 보면 미운 면조차도 예뻐 보이는 것이다. 여성에겐들 왜 추악하고 독살스럽고 치사한 면이 없을까만은 그런 면은 숫제 덮어두고 예쁜 면만 보는 것이다. 그것이 여성 예찬론자들의 일반적 태도다. 청송도 예외가 아니다. 그는 여성뿐 아니라 세상과 인생을 긍정하면서 한평생을 살았다.

3. 용마, 철마 타고 가다

청송은 만년에 천마산의 서북방향 동쪽으로 흐르는 수동천水洞川을 향해 뻗은 한 줄기 철마산鐵馬山의 끝자락에 자기가 묻힐 산소를 마련해 놓고 가끔 거기에 들렀다. 가묘假墓도 만들고 주변에 나무를 심기도 했다. 우리를 데리고 가서 구경하고는 북한강 건너 동쪽 서종면에 있는 강가 음식점에 가서 젊었을 적에 하던 대로 쏘가리탕을 시켜 놓고 술을 마시곤 했다. 그럴 때면 위에서 한 말 "나 죽거든 슬퍼하지 말고 묘 앞에서 한번 흐드러지게 놀아라. ……" 등 인생의 마지막 말씀을 하시는 것이었다.

청송의 마지막 말씀은 "용마 타고 왔다 철마 타고 간다"였다. 천의무봉, 연 잎에 구르는 아침이슬 같이 한평생을 청명하게 산 청송은 이렇게 떠났다. 참으로 유니크한 개성의 인물이었다. 이런 인성을 역사세계에서 다시 만날 수 있을까?

청송은 스스로 청송재 하세시聽松齋下世詩를 지어 명필 여초如初 김응현金應顯으로 하여금 비문을 쓰게 했다. 나는 이것을 우리말로 옮겨 보았다.

山疊疊 水重重
何處去
山鳩一聲
飛去夕陽風
去不歸
江山寂寞
莫道
其餘事
天地玄黃

宇宙洪荒

산은 첩첩하고 물은 겹겹으로 갈 길을 막는데
나는 어디로 가는고?
산비둘기 한 번 울고 석양바람에 날아가더니
다시는 돌아오지 않는구나.
강산이 적막하다.
나머지 일은 말하지 말라.
천지는 현황하고
우주는 홍황하다.

청송 약력

1906년   (4월) 현 전북 군산시 임피면 월하리에서 출생
1923년   임피보통학교 졸업
1927년   이리농림학교 졸업
28~33년 경성제국대학 및 대학원 수료
1970년   철학박사(서울대학교 대학원)
33~35년 동아일보 기자
38~44년 연희전문학교 교수
45~47년 연세대학교 교수
47~59년 서울대학교 철학과 교수
54~81년 학술원 회원(철학)
54~55년 한국철학회 초대회장
55~56년 미국 예일대학 교환교수
59~60년 전북대학교 총장
1962년   군정반대로 복역
63~67년 제6대 국회의원
65~66년 통합야당인 민정당 사무총장
1970년   동국대학교 역경원 심사위원
81~88년 학술원 원로회원(철학)
1989년~ 학술원 종신회원(철학)
2004년   (6월) 99세로 별세

소광희蘇光熙

서울대학교 문리과대학 철학과를 졸업하고, 동 대학원에서 석사 및
박사 학위를 취득하였으며, 독일 쾰른대학과 프라이부르크대학에서
연구하였다. 서울대학교 교수로 재직하였으며, 철학연구회 회장, 한
국철학회 회장, 열암기념사업회 회장을 역임하였다. 또한 한국하이
데거학회를 창립, 회장과 명예회장 역임하였다.
현재 서울대학교 명예교수, 대학민국 학술원 회원, (사단법인) 청송
장학회 이사장으로 있다.
저서로 『시간의 철학적 성찰』, 『자연 존재론』, 『인간의 사회적 존재
의미』, 『철학적 성찰의 길』 등이, 번역서로 하이데거의 『시와 철학』,
『존재와 시간』 등이 있다.

청송의 생애와 선철학

초판 1쇄 인쇄 2014년 10월 13일 | 초판 1쇄 발행 2014년 10월 20일
지은이 소광희 | 펴낸이 김시열
펴낸곳 도서출판 운주사

(136-034) 서울시 성북구 동소문로 67-1 성심빌딩 3층
전화 (02) 926-8361 | 팩스 0505-115-8361
ISBN 978-89-5746-390-1 93220   값 15,000원
http://cafe.daum.net/unjubooks 〈다음카페: 도서출판 운주사〉